促进思维品质发展的
英语写作教学理论与实践

张泰刚　著

合肥工业大学出版社

总　序

超越优秀,成就名师

广东省这一轮中小学"百千万人才培养工程"初中文科名教师培养对象的系列专著陆续出版了。作为这个项目的主持人和导师,我想说几句话,权作这套书系的总序。

优质的教育需要优秀的教师,基础教育的高质量发展也需要教师的高质量发展。因此,培养和造就高质量的教师成为国家、教育行政部门和学校的重要任务,而成就卓越、实现专业的终极发展也应是教师自我的追求。

为贯彻落实中共中央、国务院关于全面深化新时代教师队伍建设的有关部署要求,进一步加强广东省中小学教师队伍建设,培养造就一大批教育家型教师、卓越教师和骨干教师,努力营造优秀教育人才脱颖而出的制度环境,2020年广东省实施了新一轮中小学"百千万人才培养工程"。

该工程以打造广东省中小学高层次人才队伍为目标,建立完善省、市、县三级分工负责、相互衔接的中小学教师人才培养体系,坚持系统设计、高端培养、模式创新、整体推进,注重发挥教育家型教师、卓越教师和骨干教师的示范引领作用,辐射带动中小学教师队伍整体素质的提升,为加快推进广东省教育现代化提供坚实的师资保障和人才支持。

该工程主要目标任务:到2035年,省级培养项目培养数以千计师德师风高尚、教育理念先进、理论知识扎实、教育教学能力强、管理水平高,具有国际视野、创新精神、较大社会影响力和知名度的教育家型教师;市级培养项目培养数以万计的卓越教师;县级培养项目培养数以十万计的骨干教师。

　　2021 年 7 月，广东省"百千万人才培养工程"初中文科名教师项目立项。经过多轮遴选，35 位来自全省各地市的初中文科教师成为名教师培养对象。他们都是 45 岁以下，具有高级职称，在教学和研究上都已取得一定成绩的优秀教师，基本上都有市级优秀荣誉，其中不乏全国和广东省优秀教师、特级教师。我有幸成为这个项目的主持人和导师组组长。我给培养对象定的目标就是通过三年培养，在三年或者再长一点的时间内，35 位教师都能成为教育家型的"粤派名师"。

　　对于这 35 位教师，我要致以诚挚的谢意和敬意。因为，他们都很优秀，都很年轻，都很努力。

　　当前中小学存在一种普遍现象，有的教师在获得优秀称号或 40 岁之前都有着较高的成就动机，比较明确的努力目标、奋斗方向，那就是要争取"优秀"，且都为成为"优秀"付出了艰辛和心血。但随着优秀称号或高级职称的获得，有的教师便产生"优秀（职称）到手万事休"的懈怠心理，自认为在专业上已是"船到码头车到站""多年媳妇熬成婆"了，沾沾自喜于"优秀"和高级职称，故步自封，不自觉地失去成就动机，不思进取。年龄相对较大的优秀教师更有"人到中年万事休"的知天命心理，认为自己人生渐入或已入不惑之年，身体已不如壮年，且在新课改中和青年教师相比，很多方面都处于劣势，没有多大必要再像原先那样拼死拼活去追求新的发展目标。如此，他们消磨了斗志，失去了再发展的方向，不再一如既往地投身教师工作，只抱着"当一天和尚撞一天钟"的态度一味地吃老本、混日子、摆架子，甚至干脆逃避工作。

　　初中文科名教师项目中的 35 位培养对象，都摒弃了以上心理，他们已经功成名就，且上有老下有小，却没有"躺平"，没有"佛系"，也没有"固化"，而是继续在为自己的专业再发展，搞课改、做课题、出专著、提主张、带后进、帮薄弱，为使自己走得更远而努力。这怎能不让我感动而对他们感谢和致敬呢？

　　当然，也正因如此，我的责任和压力更大了。如何带领这 35 位优秀教师一起成长，最终使其成为教育家型的"粤派名师"，就成为我必须思考的问题和今后三年的重要工作任务。我虽倍感压力，但信心满满。

　　教师的专业发展受外部因素和内在因素的制约，是教师主体与周围环境相互积极作用，通过主体的各种实践活动而实现的。"人在社会中推进生命历程的时候,除了受到环境因素的影响之外,还要受到个人的能动性和自我选择的影响。"①教师需要更多的"内生性"成长,而非"外铄性"成长。教师专业发展既是社会身份的获得,又是教师专业内在价值的体验与获得。广东省中小学"百千万人才培养工程"给老师们提供了一个平台,创造了成长的机会和条件。但是,如果没有培养对象自我发展的意识和行动,仅靠"工程"来打造是不可能实现专业再发展的。因此,在这里,我想对 35 位培养对象提出几点希望。

首先,树立专业再发展的意识和成就名师的信心。

柯林斯说:"因为优秀,所以难以卓越。"卓越之难,在于远超优秀的境界。各位名教师培养对象都是具有了一定成绩和成就的优秀青年教师,有的还具备了令人称羡的荣誉和名号,是教师在专业发展中的先行者。但是,从教师专业发展的角度来说,优秀只能是代表其以往专业生涯的成绩,而未来的专业之路并不因其拥有优秀称号就必然取得更大的成就。教师的工作是一个动态、复杂的专业领域,充满了未知和不可预测,不可能有现成的模式和套路因循,教师的专业活动永远处于变动、探索和创新之中。因此,教师的专业发展必然是个持续性和动态性的过程。布莱克曼对教师专业发展的定义:不论时代如何演变,不论是自发的还是受赞助的,教师始终都是持续的学习者,此种学习就是专业发展。

基于此,专业发展应贯穿每个教师的整个专业生涯,永无止境,优秀教师更应如此。优秀是对以往成绩的肯定,是现在立身的基础,更是未来发展的起点,优秀教师必须不断超越、臻于卓越。《国家中长期教育改革和发展规划纲要(2010—2020 年)》提出"鼓励教师和校长在实践中大胆探索,创新教育思想、教学模式和教育方法,形成教学特色和办学风格,造就一批教育家"。广东省中小学"百千万人才培养工程"的任务也是"培养教育家型教师"。教师专业发展的最终目标就是努力"成为教育家",实际上就是在已有的优秀基础上再达到一种新的境界,即本着自身的禀赋、才具、特点与教育积淀,在创造性的实践与探索的过程中形成自己鲜明的专业个性、特质,显示独特的教育价值。李海林教授认为,教师要实现"二次发展"。实际上,教师应该坚持终身发展。所以,作为以往的优秀教师、名教师的培养对象应忘

---

① 刘捷. 专业化:挑战 21 世纪的教师[M]. 北京:教育科学出版社,2002.

记以往的荣耀,站在新的台阶和起点上,迈步从头越,实现再次发展、终身发展,追求成名师、敢于成名师,朝既定的教育家型的"粤派名师"目标前进。

其次,基于已有的个性,建立自己的教学主张和教育范式。

很多老师为什么在专业上难以持续发展,在发展到某个阶段后就停止发展,有的老师在取得一定成绩后如昙花一现,陷入"一优秀就沉沦"的泥沼,其重要原因就是未找到自身的新的发展点。教师在"优秀"后必须有新的兴奋点、切入点,否则极易陷入目标低迷、激情不再、专业固化的困境。要突破这种困局,必须寻找从我们自身专业发展轨迹中延伸出来、向高处登攀的阶梯。教育是科学更是艺术,是一种创造性的活动。教师必须以创造和个性才能更好地完成这项活动,也只有创造和个性才能让教师感受到工作的幸福,从而不懈地努力追求更高的目标和境界。

优秀教师、名教师培养对象的个性特点在专业生涯中已逐步显现,这正是我们再发展的新的兴奋点、切入点。从此出发,在教育科学理念的引导下,在实践中不断磨砺、丰富、完善,形成并凸显教学特色,体现出有鲜明个性和独特教育价值的教学主张与教育范式①,这可以也应当成为我们专业再发展的生长点。拥有个性化和独具教育价值的教学主张和教育范式是优秀教师"教育自觉"的关键性标志,是其成熟成功的核心因素,是其产生和保持影响力的重要原因,是具有影响力的优秀教师与一般优秀教师的显著区别,也是优秀教师走向教育家的津渡。于漪建立了"人文教育"的主张和范式、李吉林建立了"情境教育"的主张和范式,李庾南建立了"自学·议论·引导"的主张和范式……一大批优秀教师,正是通过不断探索和建立自己的教学主张与教育范式,形成自己的鲜明的专业个性、特质,体现独特的教育价值,最终成为著名的教育专家或教育家,登上专业生涯的巅峰。

优秀教师一般已具备娴熟的教学技能、深厚的专业知识和丰富的教学经验,但若没有自己的教学主张和教育范式,也只是懂操作的高级技术员和规定的忠实执行者。当建立起自己的教学主张和范式之后,优秀教师就不仅能以其教学经验、教学特色影响其他教师,还能以其教学主张,即个性化的教育思想影响、改变其他教师。就其本人而言,也因教学主张及教学主张

---

① 朱嘉耀. 走出一条名师培养的南通之路[J]. 江苏教育研究,2011(24):4-8.

下的实践，使自己获得持续的影响力，并不断有新的进展和新的经验①。如此，就能从广度和深度上推进教学改革及教师的专业发展。这也是我为什么在项目实施中，把建立自己的教学主张和教育范式作为培养这35位教师的重要抓手的主要原因之一。

再次，自觉地读书、实践、反思、研究、写作。

建立教学主张与教育范式是优秀教师对自己教学实践进行高度理性解析与提升，形成思想成果的过程；建构操作体系，则是将思想物化，将技术经验梳理、搭建、完善，使之成为教学主张实施的途径、方式的过程②。如果将此作为优秀教师再发展的追求，那么如何实现呢？最基本的方式就是自觉地躬身于读书、实践、反思、研究、写作，舍此无任何终南捷径。读书是自我的充实，是与他人的专业对话，是为了有更好的理论指导实践；实践于教学，是教师工作的根本，是教师工作的出发处和归宿；反思是对教学实践以自我行为表现及其行为为依据的"异位"解析和修正，进而不断提高教师自身教育教学效能和素养的过程；研究是教师对教育教学，对自己生存、发展意义的不断探寻、叩问和求证；写作是教师将默会知识向明言知识的转化，是提炼总结研究成果，理性概括梳理思想……这几个环节周而复始、不断循环，其间每一步骤都可能是一个新的起点，但始终无终点。只要有一个环节被忽视和省略，优秀教师的发展都会固化、停滞不前。例如，教而优则仕，离开了教师的工作场——课堂实践，还能再发展吗？又如，教而不思、思而不研，则永远只能是一个优秀的"教书匠"。哪一位教育专家、教育家没有自己的著述？古今中外，成为教育家的优秀教师没有谁能舍弃这一路径，没有谁能跳过其中的哪一环节。因此，优秀教师一是应信奉而坚持这一方式，并在自己的专业生活中努力践行，持之以恒；二是要把每一步骤都做到充分扎实，绝不走过场做花样；三是用研究、思考来串联整合整个循环，使每一环节都张扬着思想的力量。如此，优秀教师新的发展目标就有可能实现。因此，我们"百千万人才培养工程"名师培养对象，必须把"读书、实践、反思、研究、写作"作为自己在接受培养期间，乃至终身的基本发展方式。我们要求老师们大量阅读、研究课题、发表论文、出版专著，出版本套培养对象系列专著，

---

① 成尚荣.生活在规律中的主人：谈名师成长的方式[J].人民教育，2009(9)：46－49.
② 同上。

也正是基于这一点。

最后，保持正确的专业自我，葆有永久的信念和激情。

许多著名教育专家在总结自己一生的教学生涯时特别强调教育信念和激情在他们专业再发展中的价值和意义①。联合国教科文组织国际教育规划研究所原负责人库姆斯认为，"使教师成为优秀教师的，不是……而是教师对学生、自己、他们的目的、意图和教学任务所持的信念"②。而教育激情"可以产生一种推动性、激励性的力量"，"在某种意义上，激情确实是教学的关键"③。正确而合理的教育信念、自始至终的教育激情是教师顺利成长和完善教学实践的重要保证。雅斯贝尔斯强调，"教育须有信仰，没有信仰就不成其为教育"，"教育，不能没有虔敬之心，……缺少对'绝对'的热情，人就不能生存，或者人就活得不象一个人，一切就变得没有意义"④。

教师工作是一种基于信念的行为，这也就意味着信念和激情是教师专业发展的动力，这种发展是自发、真诚、内源性的发展，也是基于生命的灵动与热力高度自觉的发展，而非出于外在强制和纯粹基于个人私利，机械麻木与冷漠盲目的发展。无论是力辞官职、执着教坛的斯霞，还是不求闻达、但求学术的李吉林等名师，他们在成名后，也即优秀后并未就此止住前进的脚步，而是更加努力地跋涉，凭着信念和激情演绎自己的人生价值和理想，成为成功教师的典范。因此，教师在取得一定成绩，显示优秀的品质后，其专业自我应当在更高水平上提升，从而使其专业人格完整而和谐；应坚守信念永葆激情，认识到"优秀"只是检验自身发展的一个尺度，自己永远处于一种"未完成"的状态，永远是在专业发展的路上；应从现实的种种束缚及身体和心灵的各种禁锢中解脱出来，不断反省自己的专业自我，从中发现内在的冲突，祛魅头顶优秀光环，克服自我惰性、自我满足和自我功利，实现自我突破，在不断协调冲突的过程中把生命提高到新的层次，以自身的智慧更新对世界的理解，从而发现新的发展可能性和追求新的成长目标。

① 柳斌. 中国著名特级教师教学思想录[M]. 南京:江苏教育出版社,1996.
② 库姆斯. 教育改革的新假设[M]//瞿葆奎. 教育学文集·国际教育展望. 北京:人民教育出版社,1993.
③ FRIED R L. The Passionate Teacher:A Practical Guide[M]. Boston, Mass:Beacon Press,1995.
④ 雅斯贝尔斯. 什么是教育[M]. 邹进,译. 北京:生活·读书·新知三联书店,1991.

　　因为优秀,所以要走得更远。教育家来自教师,尤其是优秀教师。当优秀教师能够克服"优后"专业固化难题,实现专业再发展,走得更远的时候,国家、社会和人们期待的"造就一批教育家"的目标也就指日可待了。这也是我对广东省中小学"百千万人才培养工程"初中文科名教师培养项目的期待,对35位年轻而又优秀的初中教师的厚望。

　　我还要说的是,作为项目的主持人和导师组组长,我将在教育主管部门、省项目办和所在培养机构岭南师范学院的指导下,和导师团队及项目管理团队一起,坚持培养标准,强化专业引领,尽量做好服务,为老师们的成长扶一手、拉一把、送一程,让老师们走得更快、走得更稳、走得更远。

　　这就是在广东省中小学"百千万人才培养工程"初中文科名教师培养对象系列专著出版之际我想说的话,和诸位未来名师共勉。热烈祝贺广东省中小学"百千万人才培养工程"初中文科名教师培养对象系列专著的出版!热切期盼广东省中小学"百千万人才培养工程"初中文科名教师培养对象早成"粤派名师"!

李斌辉

2022 年 9 月 23 日于岭南师范学院

前　言

　　基础教育英语课程一向重视学生思维品质的培养。自 2011 年版《义务教育英语课程标准》提出"促进心智发展"的目标后,2017 年版《普通高中英语课程标准》和 2022 年版《义务教育英语课程标准》也将"思维品质"列为课程目标。这表明,英语课程不仅是学习语言的课程,更是培养学生思维品质的课程。语言与思维密不可分、相互促进,在英语课程中培养学生的思维品质,不仅有助于实现英语学习的目标,还有助于实现核心素养各要素融合发展的目标。

　　随着课程改革的推进,教师对在英语课程中发展学生思维品质的理解更加深入。许多教师能够在教学目标中设计思维品质发展目标,并有意识地提高教学活动的思维含量;关注学生思维品质发展的评价。一些教师开始有意识地为学生补充具有思维含量的语篇材料;关注师生互动中的思维含量,关注学生的创新思维等。这些现象表明,教师的教学理念和行为正朝着有利于学生思维品质发展的方向迈进,英语课堂的生态已经发生了积极变化。

　　在教学实践中,学生思维品质的培养最终需落实在听说、阅读、写作等各种课型中。每一种课型在培养学生思维品质方面都具有独特的价值和作用。课型不同,影响学生思维品质的因素不同,教学活动的设计和实施路径与方法也存在差异。然而,并非每位教师都能认识到这种差异。以写作教学为例,部分教师对影响学生思维品质的因素认识不足,如教学方式、写作范文、写作任务、作文反馈、写作情感、写作测评等,导致教学活动的设计缺乏系统性和针对性,这既不利于充分发挥写作教学对学生思维品质培养的重要作用,也不利于学生思维品质的全面发展。

　　本书正是作者在这一背景下的积极尝试与成果,主要聚集英语写作教学中影响学生思维品质发展的因素,以及发展学生思维品质的策略与方法,较为全面地阐述了在英语写作教学中发展学生思维品质的理念与实践。本书是作者继第一部关于思维品质研究的专著《基于思维品质发展的英语教学理念与实践》(2023 年 5 月由广西师范大学出版社出版)出版后的第二部专著。本书对中小学英语教师在写作教学中培养学生的思维品质具有直接的实践参考价值，对思维品质研究者具有重要的学术参考价值。本书也是"英语思维课堂"核心思想的重要体现。

本书共九章。第一章聚焦于写作教学与思维品质的发展，重点阐述了在写作教学中影响思维品质发展的因素，具有统领全书的性质。第二章聚焦于教学方式与思维品质的发展，重点探讨了教学方式对思维品质发展的影响及有利于思维品质发展的教学方式。第三章聚焦于写作范文与思维品质的发展，重点阐述了写作范文对思维品质发展的影响，并提出有助于思维品质发展的写作范文的生产和使用建议。第四章聚焦于写作任务与思维品质的发展，重点阐述了写作任务对思维品质发展的影响，并提出有助于思维品质发展的写作任务设计方法。第五章聚焦于作文反馈与思维品质的发展，重点讨论了作文反馈对思维品质发展的影响，并介绍了有助于思维品质发展的作文反馈方式。第六章聚焦于写作情感与思维品质的发展，重点阐述了写作情感对思维品质发展的影响，并提出有助于思维品质发展的写作情感调控策略。第七章聚焦于写作测评与思维品质的发展，重点探讨了写作测评对思维品质发展的影响，并介绍了有助于思维品质发展的写作测评方式。第八章聚焦于其他因素与思维品质的发展，重点阐述了教师的思维品质、口头表达能力、写作能力、师生课堂互动质量等因素对思维品质发展的影响。第九章聚焦于促进思维品质发展的英语课堂教学范式，重点探讨了促进思维品质发展的英语写作教学范式的内涵、价值以及实施策略等。

本书的出版得到了北京师范大学外国语言文学学院程晓堂教授及岭南师范学院李斌辉教授的鼓励和指导，也得到了合肥工业大学出版社领导及编辑的指导和推动，在此一并表示感谢！

由于笔者能力和水平有限，书中难免存在不足之处，敬请广大读者批评指正。

张春明

2024 年 9 月

目　　录

第一章

写作教学与思维品质发展

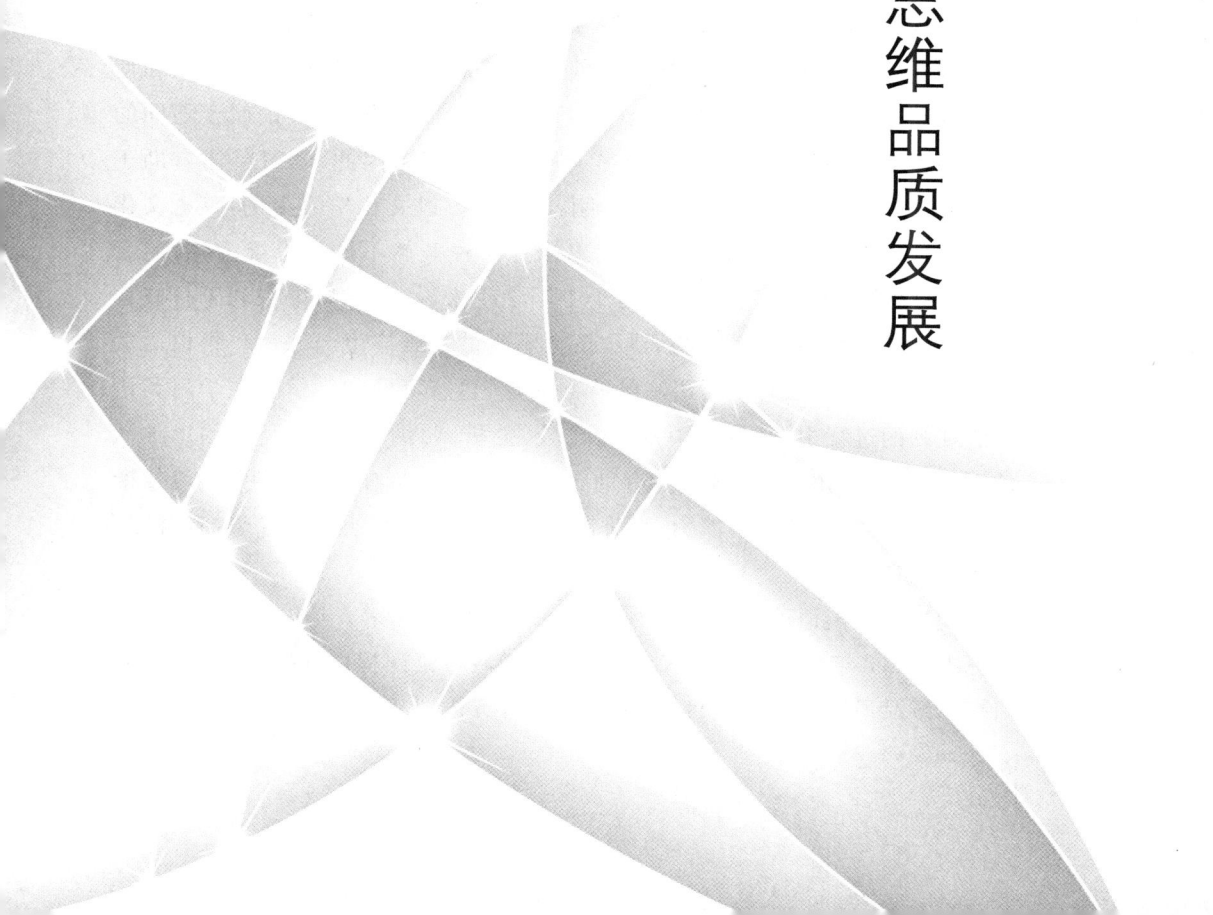

第一节　在英语课程中发展思维品质的价值

　　思维品质是智力活动中智力特征在个体身上的表现,其实质是人的思维个性特征(林崇德,2005)。思维品质主要包括深刻性、灵活性、创造性、批判性和敏捷性五个方面(朱智贤,2002;林崇德,2006)。这五个方面是完整思维品质的组成部分(林崇德,2009),它们之间相互影响、密不可分。深刻性是一切思维品质的基础;思维的灵活性、创造性和批判性都是在深刻性的基础上引申和发展起来的;敏捷性以其他四个方面为前提,同时又是其他四个方面的具体表现(林崇德,2005)。也就是说,没有思维的深刻性,就没有思维的灵活性、创造性、批判性与敏捷性。思维品质的每一个方面都是个体整体思维中必不可少的组成部分,都在不同层面上体现着个体思维品质的层次及智力特征与水平(张泰刚,2023a)。思维品质某一方面的缺陷会对其他方面产生不利影响。例如,思维缺乏灵活性的人,其思维也可能缺乏深刻性和创造性;而思维缺乏创造性的人则可能思维也缺乏深刻性和灵活性。

　　语言与思维密不可分。学习和使用语言需要借助思维,同时学习和使用语言又进一步促进思维的发展(程晓堂,2015)。在我国,英语属于不同的语系,承载着不同的文化,体现着另一种思维方式。因此,学习英语有助于丰富思维方式,提高思维品质(张泰刚,2023a)。以文化学习为例,英语文化中的求异思维与中国文化中的求同思维是两种截然不同的思维方式,前者强调多样性,后者强调趋同性。对于中国学生来说,求异思维有利于打破盲目追求标准答案、思维僵化的局限,拓宽学生的思维广度与深度。再以语法学习为例,英语语法与汉语语法既有共同点,也有不同点。学生在学习英语语法规则的过程中,必然经历观察、比较、分析、归纳等过程,经历的思维活动更多,思维视角更多元化,更有助于思维的发展。有研究表明,学习过两种以上语言的人,在思维能力、思维敏捷性等方面具有明显的优势(程晓堂、岳颖,2011)。

　　我国基础英语课程历来重视学生的思维品质培养。《普通高中英语课程标准(2017 年版 2020 年修订)》和《义务教育英语课程标准(2022 年版)》专门把思维品质写入了课程目标。这意味着,英语课程除了语言学习目标外,还承担着培养学生思维品质的任务。但英语课程中的思维能力既不同于一般意义上的思维能力,也不同于语言能力中的理解和表达能力,而是与英语学习紧密相关的一些思维能力,如理解英语概念性词语的内涵和外延;把英语概念性词语与周围世界联系起来;根据所给信息提炼事物的共同特征,借助英语形成新的概念,加深对世界的认识;根据所学概念性英语词语和表达句式,学会从不同角度思考和解决问题等(程晓堂、赵思奇,2016)。英语教育有助于发展学生的观察与发现能力、比较与分析能力、逻辑思维能力、概念建构能力、信息记忆与转换能力、批判思维能力、认识周围世界的能力、时空判断能力、严密思维能力和创新思维能力(程晓堂,2015),并从各个层面提升学生的思维品质。

在英语课程中发展学生的思维品质,不仅有助于实现思维品质的发展目标,还有助于实现英语课程的总体目标(张泰刚,2023a)。作为英语学科需培养的核心素养要素之一,发展学生的思维品质本身就是在实现英语课程目标。对于英语学习而言,思维品质的发展既是英语学习的目标,又是英语学习的过程(龚姚东,2015)。思维品质的发展过程和英语学习的过程是同步进行的。由于思维与语言、文化等密不可分,思维品质的发展也有助于实现核心素养目标的其他方面。在语言学习中,语言水平的提高是提升思维水平的必要条件,而思维的发展又能促进语言水平的提高(文秋芳、周燕,2006)。思维品质与语言能力相互影响、相互作用。思维品质的发展还有助于形成跨文化意识(夏谷鸣,2017)。这是因为,跨文化意识的形成需要正确对待外来文化;没有正确的思维,就不会有深刻的文化理解和正确的认同,文化意识也会受到影响(梅德明、王蔷,2018)。思维品质的发展还有助于提高学生的学习能力。这是因为思维品质的水平在很大程度上影响着学习意识的形成、学习方法的选择、学习资源的获取和学习效率的提高(张泰刚,2023a)。通常来说,思维品质水平越高,学习能力越强,反之亦然。

在基础教育阶段,学生思维品质的培养价值不仅体现在英语课程学习层面,还体现在学生的综合素质发展等方面。由于思维品质是智力和能力的体现,因此,培养思维品质是发展智力和能力的突破口(林崇德,2005)。尽管教育的目标是培养德、智、体、美、劳全面发展的人,但智力在个体的成长过程中起着不可替代的作用。培养学生的思维品质不仅会提升其智力,还会影响其思维方式、看待问题的视角及情绪管理能力等。一个思维品质高的人思考问题的视角更为多元、思维方式更加多样、思维的结果更为合理。以情绪管理能力为例,一个思维品质高的人情绪较为稳定,不轻易感情用事,特别是在遇到挫折时能够冷静分析,具备批判性思维。对于智商、情商均处于关键发展阶段的中小学生来说,发展学生的思维品质对提升其综合素质具有重要价值和意义。在英语课程中发展学生的思维品质不仅对实现英语课程目标具有特殊的价值和意义,还对学生的全面发展和综合素质的提升具有重要的现实意义。

总体而言,思维品质是一个人智力和能力的外在表现,体现了其智力和能力的发展水平。思维品质涵盖了深刻性、灵活性、创造性、批判性和敏捷性五个方面。尽管五个方面的侧重点各有不同,但它们是一个相互影响、相互作用的整体,任何一个方面的缺失都会影响一个人的整体思维品质水平。在英语教育中,由于其跨文化属性,发展学生的思维品质不仅是在实现思维品质发展的目标,也是在实现语言学习目标、文化意识发展目标、学习能力提升目标等核心素养发展目标。思维品质是智力和能力的体现,在英语课程中培养学生的思维品质也是提高学生综合素质的重要途径。由于语言学习与认知、情感等因素密切相关,在英语课程中发展学生的思维品质有利于提升学生的认知与非认知能力,促进学生的全面发展。在基础教育阶段,英语课程对学生思维品质的发展不仅具有学科层面的价值,还超越了学科的局限,对实现全人发展目标具有特殊的价值和意义。

第二节　写作教学与思维品质发展

写作并不是脱离周围环境的孤立行为,而是作者与读者之间进行交流、构建意义的社会过程(贾爱武,1998)。可见,写作是一个意义建构的过程,是作者与读者之间的交际过程。在写作过程中,思维起着基础性作用。没有高质量的思维,就不会有高质量的写作;思维是写作的必要条件(王可,2006)。也就是说,在写作过程中,思维对意义的建构和交流起着关键作用,思维品质的高低影响着写作的质量。有研究表明,思辨能力对二语写作有直接影响(高霄、文秋芳,2017)。可见,写作离不开思维,没有思维,便没有写作。同时,写作又有助于促进思维发展。写作是一个创造的过程,是多种思维方式共同作用的过程,是一个思维品质发展与升华的过程。在写作过程中,从命题、收集材料、构思、布局、起草、拟稿、修改到定稿,这个创作的过程就是在培养逻辑思维(刘道义,2018)和创造性思维等。写作与思维密不可分,二者相互影响、相互促进。

　　写作教学是在教师指导下,学生构建写作知识、提升写作能力的过程。无论是母语还是外语的写作训练,都有助于思维能力的发展(程晓堂,2021)。从本质上说,写作教学是一个交互过程,是教师与学生之间的互动交流过程。教师的角色是促进者,旨在通过参与学生的写作过程,为其提供指导和帮助以提升其写作能力。在这一互动过程中,学生学习写作知识、提高写作技能,并发展思维品质。学生思维品质的发展体现在教师教授写作知识与技巧、指导写作过程以及反馈学生作文的过程中。无论是教授写作知识、指导写作过程,还是反馈学生作文,都是多种思维相互作用、相互影响的过程。这个双向互动过程有助于学生进行主动和深度思考,进而发展其思维品质。

　　在写作教学中,教师为学生传授或示范写作知识的过程不仅是学生建构写作知识的过程,更是多种思维交互的过程。知识本身具有内在逻辑,因此,学习知识的过程就是建构知识内在逻辑的过程。知识具有层次性,所以建构知识的过程同样是不同层次思维相互交错的过程。与知识的逻辑性和层次性类似,教师传授或示范写作知识的过程也是一个具有内在逻辑和层次性的过程。在这个过程中,教师基于知识的内在逻辑和学生的认知特点,与学生进行互动,不断激发学生的思维主动性,从而提高学生的思维品质。此外,教师指导学生写作和反馈作文的过程也是知识建构的过程,学生理解、内化写作知识的过程是多种思维不断作用和影响的过程,是思维品质不断发展的过程。由此可见,在写作教学中,知识传授或示范过程、教师指导学生写作的过程和作文反馈过程本身都是促进学生思维品质发展的过程。

　　在写作教学中,师生的互动能促进学生思维品质的发展。以写作知识与技巧的互动建构为例,无论是直接讲授还是范文示范,都是学生与教师或文本对话的过程,这个过程本身就是思维交互的过程,对学生的思维发展具有重要影响。以直接讲授为例,教师讲授观点的逻辑性、条理性、深刻性和批判性会对学生的思维产生重要影响。以范文示范为例,教师提供的范文在语篇结构安排的逻辑性、观点表达的深刻性和批判性、语言表达的逻辑性等方面会对学生的思维发展产生重要影响。再以作文反馈为例,无论是显性反馈还是隐性反馈,都有助于激发学生的思维,引导学生积极思考,主动思维,提高思维品质。例如,让学生把自己的作文与范文对比,有助于发现问题、寻找差异、深入思考,进而提高思维的逻辑性与深刻性。

与听说和阅读教学相比,写作教学对学生思维品质发展的促进作用更加明显。写作的最终成果是书面语篇。书面语篇与口头语篇的最大区别在于作者不在交际现场,读者只能根据文字理解作者的交际意图。而在口头交际中,双方可以通过意义协商等手段澄清和阐释意义,从而消除交际障碍和误解。相对而言,书面语篇不仅对语言的准确性要求更高,还对作者的思维品质,特别是逻辑性与严密性,提出了更高的要求。在书面语篇中,思维的逻辑性与严密性直接影响着意义表达的逻辑性和准确性。高质量的书面语篇不仅涉及语言,还涉及思维,是建立在高质量思维基础上的。因此,写作教学不仅要重视写作知识与技能的训练,还要关注思维品质的培养。在写作教学中,学生经历的思维过程更为复杂,思维活动更为丰富,这更有利于思维品质的发展。

总体来说,思维是写作的基础,离开了思维,写作便失去了根基。同时,写作又能发展思维,促进思维的进一步提升。思维与写作相互作用、相互促进。写作本身是一个思维过程,是多种思维共同作用的过程,是思维不断激发、碰撞与升华的过程,写作过程本身有助于思维的发展。写作教学是师生互动构建写作知识、提高写作能力的过程,也是思维不断发展的过程。学生在互动过程中,通过理解、分析、归纳、内化甚至质疑等活动构建写作知识,通过推理、迁移、创造等活动外化所学的写作知识与技巧,这个过程是思维训练与提升的过程。在写作教学中,教师对学生写作过程的介入为学生提供了与教师对话的机会,拓宽了学生的思维交互范围,丰富了学生的思维材料和内容,为学生创造了更多思维碰撞的机会,有助于学生主动思考、深入思考。与听说、阅读等其他教学相比,写作教学更能激发学生的思维活力,更有助于学生用目标语言有逻辑地、创造性地表达思维,更有利于促进学生思维品质的发展。

第三节　写作教学中影响学生思维品质发展的因素

写作教学是提升学生思维品质的重要课型和途径,优势显著。然而在英语课程中,学生思维品质的发展仍受到教材、教师、评价和学生等多种因素的影响(张泰刚,2023a)。就写作教学而言,教学方法、范文的选择与使用、写作任务的设计、作文反馈方式、学生写作情感的调控、写作测评方式等因素都会在不同程度上影响学生思维品质的发展。

一、教学方式

在写作教学中,教学方式指教师基于写作教学的思想或理念而采用的教学组织形式。写作教学历经了成果教学法、过程教学法、体裁教学法和过程体裁教学法(韩金龙,2001)四种方法。这些方法大致可归纳为两种范式:一种以过程为导向,一种以结果为导向。前者关注写作的交际性和学生的主观能动性,后者关注写作知识的学习和写作成品的反馈(张泰刚,2023a)。注重写作过程的教学以交际理论为基础,将写作活动视为社会交际过程,重视思想内容的挖掘以及学生作为写作主体的能动性(陈立平、李志雪,1999)。这种教学范式有助于发挥学生思维的主动性,提高思维的灵活性与创造性等。注重写作结果的教学以行为主义理论为基础,重点关注写作成品。教学过程主要以范文分析讲解、模仿写作和评价反馈(李森,2000)为主要过程,评判的标准主要是句子层面的修辞和语言正确度(韩金龙,2001)。这种教学范式有助于提高学生思维的逻辑性与批判性等。

在写作教学实践中,常见的写作课型是读写结合课和主题写作课。这两种课型继承并发展了过程法与结果法。读写结合课以范文阅读作为写作教学的切入点,旨在通过研读范文学习主题知识和写作知识,通过完成写作任务来外化这些知识,从而提高写作技能。主题写作课则以写作知识与技能的教授为基础,旨在通过完成写作任务外化写作知识与技能,从而提高写作能力。这两种课型的过程和途径不同,对学生思维品质发展的影响也各有差异。在读写结合课的教学过程中,学生需先理解、研读教师提供的范文,然后进行写作训练。这种教学方式有助于提高学生的观察、概括、迁移等能力。而在主题写作课的教学过程中，学生则需在教师的引导下，将主题知识与语言知识进行联想和归纳，建立知识关联，基于主题写作任务开展写作。这种教学方式以知识的归纳、内化与外化为目标，更有利于提高学生的联想、概括、创造等能力。

二、范文的选择与使用

在写作教学中，教师通常会为学生选择并提供特定体裁的范文，供学生研读、分析和模仿。其目的是通过范文示范写作的基本知识与技巧，如文章结构安排、修辞手段使用、语言选择等。传统的范文大多由母语者（Native Speakers）或接近母语水平者（Native-like Speakers）撰写，质量较高，尤其是教材或权威教学材料中提供的范文，无论在内容、语言、结构方面，都可作为学生学习与模仿写作的范本，有助于学生思维品质的发展。然而，在中小学英语写作教学中，学生接触的大多数范文由英语教师或考试命题人员编写，而非母语者或接近母语水平者。这些范文在诸多方面存在问题，如内容的切题性、话题的延续性、语篇结构、衔接方式以及读者意识等（张泰刚，2023b），不适合学生用来观察、研读、概括和模仿写作知识与技能，不利于学生思维品质的发展。可见，范文的质量直接影响着学生思维品质的发展：高质量的范文有助于学生思维品质的提升，而质量欠佳的范文则起相反作用。

范文质量对学生思维品质发展的影响是多方面的。通常来说，高质量的写作范文是内容与形式的统一，是写作知识与主题知识的结合，是认知与非认知因素的统一，是语言系统与实例的统一。这种文章不仅有助于学生理解、分析、归纳写作的基本知识与技巧，还有助于学生将范文中呈现的写作知识与技巧运用到自己的写作过程中，实现知识的迁移。学生研读、分析、迁移写作知识的过程是多种思维共同作用的过程，有助于提高思维的逻辑性、批判性与创造性等。同时，学生研读范文的过程也是与作者对话与交流的过程。范文中蕴含的思想、情感、态度、价值观等也会对学生的思维产生潜移默化的影响，进而提升学生思维的深刻性与批判性。质量欠佳的写作范文大多在内容、语言、修辞、结构等方面存在缺陷，不利于学生与作者顺畅地对话与交流，也不利于学生分析、概括、迁移范文中的写作知识与技巧。一些劣质范文甚至可能对学生的学习造成误导，阻碍学生思维品质的发展。

三、写作任务的设计

写作任务具有真实的写作情境，旨在让学生在社会性情境中用英语表达真实的思想、意义与情感，从而实现交际目的。学生完成写作任务的过程会经历知识的迁移与创造，是多种思维共同作用的过程。在这一过程中，学生思维的不同层面，如逻辑性、批判性、创造性等，都会得到不同程度的发展。就写作过程而言，学生首先需对写作任务的情境与内容进行分析，然后构思写作框架。在此基础上，他们需基于写作情境与写作要点进行写作。初稿完成后，学生需根据写作主题和要点对作文进行修改，最后定稿。这是一个复杂的认知加工过程，是不同思维相互碰撞与作用的过程。就作文内容而言，学生的作文既要紧扣写作主题与要点，确保内容切题，又要根据写作主题与内容合理安排文章结构，按照认知的一般逻辑进行意义表达。学生作文成品的完成是多种思维活动共同参与的结果，是其深度思考与理性决策的结果。无论是写作过程还是写作结果，均有助于发展学生的思维品质。

在写作教学中，不同质量的写作任务对学生思维品质的发展影响是不同的。高质量的写作任务由于在写作情境、题干信息和写作内容等方面设计合理，有利于学生积极思维、深入思考，提高思维的深刻性、逻辑性和创造性。而低质量的写作任务则存在写作情境不真实、题干提示信息过多、写作内容设计不当等诸多问题（张泰刚，2021），不利于学生思维品质的发展。就写作情境而言，不真实的写作情境由于缺乏使用英语进行交际的目的、明确的作者和读者对象等真实交际条件，写作的互动性不强，不利于激发学生思维的主动性。在题干信息方面，如果题干信息没有清晰地交代写作的背景，例如写作情境、假定的作者与读者对象，学生就无从下笔，思维无法展开；另外，如果题干信息提供了本应由学生思考的信息，也不利于学生思维主动性的发挥。在写作内容方面，如果写作内容提供了过多的要点信息，写作就会异化为"翻译句子"。学生几乎不需要组织思想，只需在短文中涵盖写作要点（陶百强，2016），也不需要查找和处理更多信息，更不需要经历分析、推理、判断等思维过程（程晓堂，2018），这不利于学生思维品质的发展。

四、作文反馈方式

作文反馈是写作教学的重要环节之一,其主要功能是为学生的作文成品提供评价和反馈意见。在作文反馈中,教师不仅要指出学生作文中的优点,还要指出其需改进的地方。无论是指出作文优点还是提出改进建议,教师都需提供典型的、具体的、有说服力的证据。可见,作文反馈过程是一个解释的过程,也是一个双向交流的过程。学生一方面需理解、判断甚至质疑教师的反馈意见,另一方面又要根据教师的反馈意见对自己的作文进行修改,对教师的反馈意见进行内化和迁移。无论是理解的过程,还是内化和迁移的过程,都是不同层次的思维不断交互的过程。在这个过程中,学生思维的逻辑性、深刻性、批判性等方面都会得到不同程度的提升。教师的反馈方式不同,对学生思维品质发展的影响也会有所不同。

教师反馈作文的方式主要有显性反馈(Explicit Feedback)和隐性反馈(Implicit Feedback)两种。前者是教师直接指出学生作文中的优点和需要改进的地方;后者则是教师不直接指出学生作文中的优点和问题,而是采取其他方式,如让学生将自己写的作文与教师提供的范文进行比较对照,从而发现自己作文存在的问题。这两种反馈方式的侧重点不同,对学生思维品质发展的影响也不同。显性反馈方式主要是对作文成品的语法错误、内容、组织结构等进行简短评价,教师的书面反馈是学生获得对自己作品评价的重要来源(贾爱武,1998)。这种反馈方式虽有助于提高学生思维的逻辑性与深刻性,但不利于提高思维的批判性与创造性。隐性反馈方式虽不利于学生显性地学习写作知识与技能,但学生将自己的作文与范文进行比较的过程,是一个判断、分析、评价、批判的综合性思维过程。这一过程有助于发挥思维的主动性与探究性,提升学生思维的不同层面,如思维的逻辑性、深刻性、批判性等。除了教师反馈外,同伴反馈也是一种重要的反馈方式。从促进学生思维品质发展的视角来看,同伴反馈既有优点也有缺点。同伴反馈更易被学生理解和接受,更易引发学生的积极思考,但同伴反馈不如教师反馈专业、深刻,难以做到准确、客观、全面,不易引发学生的深度思考,不利于发展学生思维的深刻性和批判性等。

五、写作情感的调控

写作是一个将认知、语言、情感融为一体的综合性过程。它不仅与认知和语言密切相关，还与情感紧密相连。从本质上说，写作是一个创造的过程，即从无到有的过程，最终目的是创作出完整的作品。在写作的构思、起草、修改、定稿等各个阶段，情感因素始终参与其中，贯穿于整个写作过程。如果学生对写作持有积极的态度和情感，那么无论其写作水平如何，在学习和进行写作的过程中，他们必然会经历主动思考、归纳、概括、推理、迁移、创造等思维过程，从而不断提升思维品质。然而，如果学生对写作缺乏积极的情感，甚至持有负面的情感与态度，如焦虑、恐惧、排斥，那么他们的思维主动性就会受到影响，思维的深度与广度也会受到局限，写作就难以发挥提升学生思维品质的作用。可见，在写作教学中，情感是影响学生思维品质发展的重要因素。积极的写作情感有利于思维发展，而消极的写作情感则不利于思维发展。

在写作教学中，在负面情感下完成的写作任务，无论在过程还是结果层面，往往存在这样那样的问题，影响学生思维品质的发展。因为在消极情感状态下，学生的创造性、批判性和逻辑性思维会受到不同程度的限制，思维缺乏活力和张力，主动性不强。在这样的写作环境中，学生写作的主要目的是完成教师布置的任务，而非创作高质量的作文。学生在写作中的投入，如时间、精力和思维等，都受到限制，思维的主动性和创造性不足。虽然积极的写作情感不能保证学生思维品质的自然发展，但能够激发大脑的活力、促进思维的主动性和创造性，有助于思维器官功能的充分发挥，更大程度上为学生的思维品质发展创造积极条件，而消极的写作情感则相反。可见，情感因素作为影响第二语言学习的重要因素，对二语写作教学以及在写作教学中提升学生的思维品质既有积极的影响，又有消极的影响。

六、写作测评方式

写作测评是语言测试中的重要组成部分，尤其在大型语言测试中，写作测试占据相当大的比例，是评估学生综合语言水平的重要途径。不同的写作测评构念（Construct）对教学的反拨作用不同，对学生思维品质发展的影响也各异。对于教师而言，写作测评对思维品质的关注点也是教师开展写作教学的重点。如果写作测评重视对学生思维品质的考查,教师在写作教学中必然会重视对学生思维品质的培养。例如,如果高利害考试如中考和高考重视对学生高阶思维的考查,那么教师就会重视对学生高阶思维的培养,反之则不然(张泰刚,2023a)。对于学生来说,写作测评越重视思维品质的考查,学生就越注重提高自己的思维品质。写作测评重点考查的思维品质同样也是学生重点关注和提升的目标。可见,写作测评对思维品质的考查内容和程度在很大程度上影响着学生思维品质的培养和发展程度。

写作测评的方式同样影响着学生思维品质的培养程度。写作测评方式对学生思维品质的发展起着重要的导向作用。测试方式不同,对学生思维品质发展的影响也不同。例如,如果写作测评重视考查学生的观点评述能力,那么写作教学必然会重视学生批判性思维的培养。再如,若写作测评重视文本翻译、看图写作、语篇转述等能力,那么写作教学则必然会重视学生逻辑思维等能力的培养。可见,写作测评方式对写作教学具有重要的反拨作用,直接影响写作教学的方向与方式,以及学生思维品质的培养方向。通常来说,开放性的写作测试方式,如读后续写、观点论述等,有助于教学实践重视学生思维的灵活性、创造性与逻辑性的培养;而机械的、僵化的测试方式,如单项选择、句子翻译、语篇转述,则不利于教学实践培养学生思维的灵活性与创造性等。

七、其他因素

除了教学方式、写作范文、写作任务、作文反馈、写作情感、写作测试等因素直接影响学生思维品质的发展与培养外,还有一些其他因素也在不同程度上影响着学生思维品质的发展。这些因素大多与教师有关,特别是与教师的综合人文素养、语言素养和教学素养相关,如教师的思维品质水平、口头语言表达能力、师生课堂互动质量、书面语篇能力,以及教师制定的作文评分标准等。

教师的思维品质水平是影响学生思维品质发展的重要因素之一。因为从事专业性较强的工作,除了具备一般的思维品质外,还需具备能够满足专业工作需求的思维品质,如批判性思维能力和创新思维能力(程晓堂,2024)。英语教育属于专业性较强的工作,需要教师具备能够满足英语教育教学需求的思维品质。如果教师自身的思维品质水平不高,其在培养学生思维品质时会遇到诸多困难和障碍,甚至可能成为阻碍学生思维品质发展的因素。可见,教师的思维品质对学生的思维品质发展有着巨大的影响。在写作教学中,教师思维品质的水平高低影响着写作教学的整体方向、写作教学活动设计与实施的针对性等,进而影响学生思维品质的发展程度。思维品质水平高的教师更容易把握教学工作的方向,提高教学设计与实施的针对性(程晓堂,2024),从而发展学生的思维能力。然而,在教学实践中,英语教师的思维品质缺失是一个不可回避的事实(程晓堂,2024)。英语教师的思维品质水平普遍不高,难以满足学生思维品质发展的需求。比如,夏纪梅(2015)的研究发现,外语教师普遍缺乏批判性思维、反思性思维和创造性思维。张金秀(2016)的研究也发现,中小学英语教师的高阶思维水平有待提升。

教师的口头语言表达能力也是影响学生思维品质的重要因素。在英语课堂中,教师的口头语言是学生与教师交流的主要媒介,其准确性和流利性直接影响着学生思维的深度和广度。教师流利、准确的英语表达为学生提供了便捷的语言资源(周燕,2010)。这些语言不仅是师生交流的媒介,也是学生思维的重要材料(张泰刚,2023a)。教师口头语言表达不准确,会导致学生在理解上遇到困难和障碍,不利于学生进行深度思考;表达不顺畅、不连贯,也不利于学生持续、深入地思考;表达词不达意、逻辑混乱,则可能给学生造成理解上的障碍和误导,不利于学生用英语思考,不利于思维品质的发展。教师使用母语组织英语课堂,对学生思维品质的发展更加不利。用母语组织英语课堂违背了英语课程培养学生思维品质的宗旨和方向。遗憾的是,一些教师尚未认识到用母语组织英语课堂的危害,总是以"学生听不懂"为理由而不使用英语组织课堂;有些教师则因语言能力不足或理念滞后而导致这样的行为。当然,这里提到的用英语组织课堂并不是完全排斥母语在英语课堂组织中的辅助作用。

课堂互动质量也是影响学生思维品质的重要因素之一。在写作课中,课堂互动质量,特别是师生互动质量,在很大程度上影响着学生思维品质的发展程度。师生互动的关键在于教师的问题设计质量。如果教师善于激发学生的思维,并能引导学生从不同角度和方式思考问题(程晓堂,2024),那么师生互动的质量就会更高,更有利于提高学生的思维品质,如思维的灵活性和创造性等。以写作知识的建构为例,如果教师能够通过不同层次的问题引导学生逐步思考写作的基本知识,如如何写主题句、如何设置段落、如何结尾等,那么学生经历的思维过程就会更为丰富,其思维品质的发展也会更好。相反,如果教师不善于引导学生从不同角度思考、分析、解决问题,而是自己主导教学过程,学生思维品质的发展就会受到影响。互动质量还体现在教师的课堂追问质量上,而追问的质量主要体现在问题链的设计质量。教师需根据学生的现场回答,适时且恰当地提出新的问题,形成问题链。问题链的设计质量越高,越有利于学生思维品质的发展。遗憾的是,在写作教学中,有效的问题链较少,许多教师在应追问的场景下没有追问,导致问题链中断,错失了培养学生思维品质的时机。

教师的书面语篇能力也是影响学生思维品质的重要因素之一。在写作教学中,教学的最终效果体现在学生的作文质量上。教师个人的书面语篇能力,特别是语篇分析能力和写作能力,影响着教师指导和反馈学生作文的水平,进而影响学生思维品质的发展。以语篇分析为例,如果教师自身的语篇分析能力较弱,不会分析语篇,也无法辨别语篇的优劣,那么在指导学生写作时可能会浅尝辄止,导致学生的思维深度和广度不足。再以教师的语篇生产能力为例,如果教师的写作能力不高,无法创作出高质量的书面语篇,那么在指导学生写作时,就很难辨别学生作文的质量,特别是识别其中的瑕疵问题,也难以为学生提供具有思想深度和广度的指导。简言之,教师的语篇分析能力和写作能力较弱,会导致其在指导学生作文时无法提供富有建设性和专业性的指导意见,不利于学生进行深度思考。从某种意义上来讲,教师的书面语篇能力决定了其对学生作文指导和反馈的质量及思维深度。教师的书面语篇能力越强,就越能为学生提供富有建设性的指导和反馈,意见更有利于学生思维品质的发展。

教师制定的作文评价标准也是影响学生思维品质发展的重要因素之一。科学、合理的作文评价标准有助于学生写出高质量、思维含量高的作文;而低质量、不合理的作文评价标准则不利于学生创作出高质量的作文,也不利于学生思维品质的发展。例如,过于侧重语言,特别是以语言错误作为判断学生作文质量的主要标准,会忽略作文的内容,不利于学生写出具有思想深度和创意的作品,也不利于学生思维的深刻性与创造性的发展。相反,过于侧重内容而忽略语言评价的作文评价标准虽有利于学生发挥想象力和创造性,提高思维的灵活性与创造性,但不利于学生思维逻辑性的提升。再者,过于注重书写美观的作文评价标准,由于忽略了内容与语言,可能导致学生的作文虽然书写美观漂亮,但内容空洞乏味、缺乏新意,语言结构简单,语言复杂度不够,不利于发展学生思维的灵活性、创造性与逻辑性。相比之下,以内容与语言为主、兼顾语篇结构的作文评价标准更有利于发挥学生的想象力与创造性,引导学生既关注意义表达的深度与新颖性,又关注语言使用的准确性与严谨性,有利于提高学生的整体思维品质。可见,合理、科学的作文评价标准有助于学生写出高质量的作文,促进思维品质的发展;而不合理、不科学的作文评价标准则本末倒置,既不利于学生创作出高质量的作文,也不利于思维品质的提升。

　　总体来说,在写作教学中,影响学生思维品质发展的因素较为复杂。除了教学方式、写作范文、写作任务、作文反馈、写作情感、写作测评等直接影响学生思维品质发展的因素外,教师的思维品质水平、口头语言表达能力、师生课堂互动质量、书面语篇能力水平以及设计的作文评价标准等,也在一定程度上影响着学生思维品质发展的程度。对于学生来说,这些因素大多是外在因素,难以控制和调整。但对于教师而言,这些因素大多属于内在因素,与教师自身密切相关,教师在这些方面具有主导权。由于学生对教师的依赖度较高,因此,教师对学生思维品质的发展具有主导性的影响。教师的综合人文素养、语言素养和教学素养越高,越有利于学生思维品质的发展。

第二章
教学方式与思维品质发展

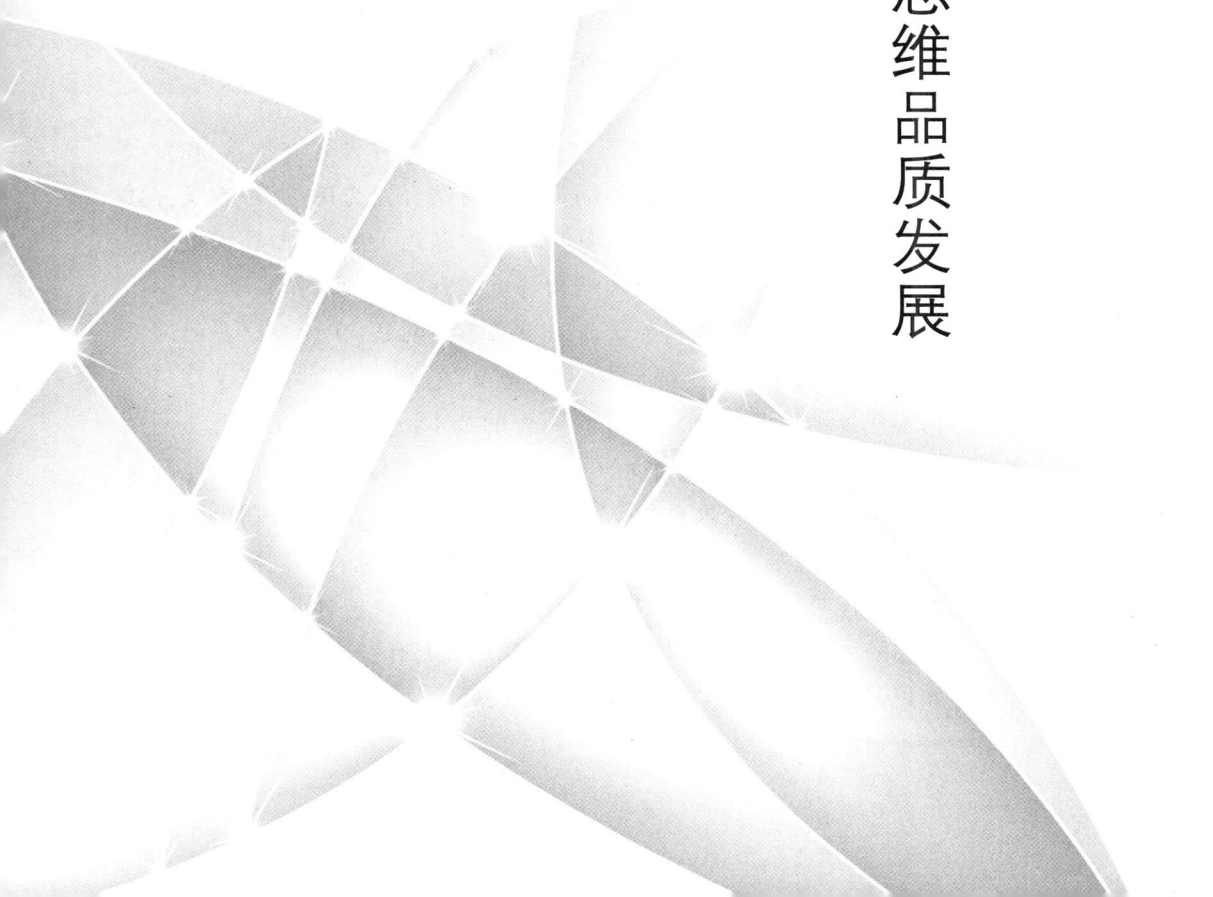

第一节　教学方式对思维品质发展的影响

在写作教学中,教学方式大致可归纳为过程法和结果法两种主要范式。这两种范式的侧重点不同,对学生思维品质发展的影响也各异。在以过程为导向的写作教学范式中,教师更加关注学生在写作过程中的自主性和主动性,如定题、构思、起草、拟稿、修改、定稿等。这种教学方式有助于激发学生思维的主动性和探究性,为学生创造更多的思维活动空间和机会,从而在更大程度上提升学生思维的逻辑性与创造性。而在以结果为导向的写作教学范式中,教师更加关注学生的作文成品。学生通常需先研读、分析范文,然后模仿范文进行写作,最后教师进行评价反馈。这种教学方式虽不利于发挥学生思维的主动性,但学生在研读与分析范文的过程中,能够与作者进行对话与互动。学生不仅需理解作者表达的主题意义,还需掌握作者的谋篇布局思路、概括范文使用的写作知识与技巧,并运用这些知识表达意义,完成写作任务。这个学习与模仿的过程看似僵化,但有助于提高学生思维的逻辑性、深刻性和创造性。

在中小学英语写作教学中,读写结合课和主题写作课各有特点,在发展学生思维品质方面的作用也各不相同。以读写结合课为例,这种教学方式的显著特点是学生在写作前阅读一篇与写作主题相关的文章,该文章的主要功能是为学生的写作提供知识和结构等支架。在这种写作教学中,学生的写作更多的是一种支架式写作。与结果法不同的是,在读写结合的课堂中,学生阅读的文章不一定全部具有"写作范文"的性质,有些阅读文章只是为学生的写作提供知识支架等,而不是写作的范本,这与结果法中范文的功能是不同的。也就是说,学生阅读的文章并不一定是写作范文,而是与写作任务相关的主题文章。在这种教学范式中,学生需经历理解、内化、建构等不同的思维活动,思维活动更加丰富,这种教学方式能够在不同层面提升学生思维的逻辑性与创造性。再以主题写作课为例。在这种课堂中,教师首先围绕写作的主题和任务,引导学生联想、总结与写作任务相关的主题知识和写作知识,然后学生独立完成写作任务,最后教师进行作文评价和反馈。

在这种写作课中,学生虽没有经历语篇的理解、内化、分析等思维活动,但整节课聚焦于一个主题,思维过程较为集中,思维的逻辑性和系统性强。这种教学方式有助于提升学生思维的逻辑性、深刻性与创造性。

从促进学生思维品质发展的视角来看,不同的写作教学范式对学生思维品质的发展有着不同的影响,尤其是在范围和程度上。无论是过程法还是结果法,无论是读写结合课还是主题写作课,这些教学范式和课型都在不同程度上影响着学生思维品质的发展。由于关注点不同,学生思维品质发展的侧重点也有所不同。例如,读写结合的教学范式对学生思维的逻辑性和深刻性的发展具有显著的促进作用,而主题写作课则对学生思维的逻辑性、深刻性和创造性有更为显著的促进作用。当然,这种差异是相对的,而且是动态变化的。教师应基于学生思维品质发展的需要,灵活运用不同的写作教学范式和课型,充分发挥不同教学范式和课型在促进学生思维品质方面的作用,为学生思维品质的发展创造有利条件,从而更大程度地提升学生的思维品质。

第二节 读写结合教学与思维品质发展

读写结合教学是常见的写作课型之一,也是提升学生思维品质的重要课型之一。然而,在教学实践中,学生思维品质的发展仍然受到阅读材料质量、写作任务设计以及写作任务与阅读材料关联度等因素的影响。常见的问题包括阅读材料质量不高、写作任务与阅读材料关联度不强,以及写作任务难度过低或超出学生的认知与语言水平,不利于学生思维品质的发展。教师应从提高阅读材料质量和设计有效写作任务等方面入手,为学生思维品质的发展创造有利条件。

一、读写结合教学中影响学生思维品质发展的问题分析

在读写课中,学生思维品质的发展主要受制于以下三个因素。一是学生所阅读的文本质量存在瑕疵,对学生拓展主题知识和建构写作知识具有误导作用。二是学生阅读的文本与教师设计的写作任务之间缺乏紧密关

联,阅读材料未能对学生的后续写作提供实质性支持或必要的引导。三是教师设计的写作任务层次过高,超出了学生的认知和语言水平,学生难以完成。此外,有些写作任务的认知和语言要求过低,缺乏挑战性,学生无须思考即可轻松完成。这些问题有的单独存在,有的交织在一起,不利于思维活动链的建立,不利于学生思维品质的发展。

首先,学生所阅读的文本存在质量问题,不利于学生扩展主题知识和语言知识,提高写作能力,不利于其深入思考。就主题知识而言,主要问题在于教师提供的有些阅读材料知识滞后或内容片面、不科学。以知识滞后为例,有些教师提供的文本内容与时代脱节,导致学生误以为其中的信息就是最新的。例如,有些关于科学技术的文本可能是几十年前写的,所描述的信息已发生了实质性变化,但文本内容未更新,教师也未关注文本的创作时间,没有为学生提供新的主题材料,导致学生误以为自己掌握了完整且最新的知识。再以知识片面性或不科学性为例,有些文本阐述的主题知识与客观现实不符,导致学生形成错误的认知。例如,有些介绍英语学习方法的文本将"背诵""抄写""默写""看英文电影"作为学习英语的"秘诀"大肆宣扬,这违背了语言学习的规律,不利于学生掌握科学的学习方法。在教学实践中,无论是知识滞后的文本,还是内容片面或不科学的文本,都会导致学生产生诸多理解上的疑惑和困惑,不利于其思维能力的发展。需强调的是,对于知识滞后的文本,即使教师引导学生分析了文本的创作年代,依然难以解决扩展主题知识的问题,不利于知识的迁移与创新。

就写作知识而言,主要问题是语篇所呈现的写作知识缺乏典型性。例如,语篇的结构与修辞并不符合某一体裁的典型结构,而学生却误以为教师提供的语篇就是经典范本。比如,有些教师将议论文的"论点""论证""总结"僵化地理解为"开头""主体""结尾"三段。有些教师在选择阅读材料时,有意选择"三段式"的文章让学生分析语篇结构,导致学生误以为所有的文章都应写成三段,且必须按照三个段落来设置。有些教师为了展示文章结构,还将原有的文章结构进行调整,如将三段以上的文章改为三段,或在两段文章后增加一段,"凑成"三段。这些做法对学生具有严重的误导作用,不利于学生构建写作知识。

此外,还有一些语篇存在语言不地道、句子结构逻辑不强、详略安排不当、信息比例失调等问题。其中,有些是原语篇的质量问题,有些则是授课教师"改编"所致。比如,有些教师为了让学生注意语篇中的被动语态,有意将一些"主动语态"改为"被动语态",导致语篇的话题主位偏离、话题延续性受阻、语义连贯性受到影响;还有些教师为了让学生使用定语从句,有意将语篇中使用的形容词做前置定语的句子改为定语从句,导致句子结构臃肿、语用不当。这些内容和形式上的质量问题在很大程度上阻碍了学生的深入思考和系统分析,不利于学生学习写作知识。

其次,教师设计的写作任务与学生阅读的语篇之间缺乏关联或关联度不强,难以为学生的写作提供支架,不利于学生思维品质的发展。在教学实践中,有些教师设计的写作任务与阅读语篇之间表面上似乎具有关联性,但实际上语篇的主题和写作任务的主题属于两个不同的概念范畴,二者在内容、语言、结构等方面存在较大的差异。例如,在一节读写课中,学生阅读的语篇主题是关于"植树节的由来",主要介绍了植树节的历史变迁,而教师设计的写作任务却是让学生写一篇"如何植树"的作文。尽管植树与植树节具有关联性,但介绍植树节的文章与介绍如何植树的文章无论在内容、结构,还是在语言等方面均存在较大的差异,二者之间缺乏必然的关联。这个写作任务的最大问题是混淆了概念,特别是混淆了植树节与植树的概念范畴。从知识类别来说,介绍植树节由来的文章属于"陈述性知识",而介绍如何植树的文章属于"程序性知识"。前者涉及时间、人物、主要活动、寓意等,后者涉及植树的步骤,如先做什么、再做什么、最后做什么等。语篇的内容、语言和结构差异较大,前者难以为后者在写作的主题、内容、语言和结构等方面提供支架,这样的写作任务不利于知识的迁移。

除了写作任务与阅读语篇的主题缺乏关联性外,还有些写作任务与阅读语篇的主题关联性不大或较弱,这样的写作任务也不利于学生思维品质的发展。例如,在阅读了一篇关于"健康饮食"的文章后,教师要求学生写一篇关于"体育锻炼"的作文。尽管健康饮食和体育锻炼都是保持身体健康的重要方式,但二者并不属于同一概念范畴。对于介绍健康饮食的文章,重点在于如何合理饮食,包括食物的种类、用餐的时间和频率等;而对于介绍体育锻炼的文章,侧重点则是运动的方式、时间和频率等。这两类文章在内容、语言和结构方面均存在较大差异。再如,在阅读了一篇关于如何保持"心理健康"的文章后,教师要求学生写一篇关于如何保持"身体健康"的作文。从概念范畴来看,心理健康和身体健康属于并列概念,虽具有关联性,但这种关联性较弱，不足以相互影响或迁移。也就是说，尽管学生阅读的语篇与作文主题具有关联性，但这种关联性是平行的，而不是同类的。阅读语篇的知识、语言和结构等对学生的写作没有实质性的帮助，学生在阅读中获取的主题与写作知识难以迁移到作文中，思维的系统性和连续性受到阻碍，不利于思维品质的发展。

教师设计的写作任务层次过高，超出了学生的认知和语言水平，也不利于学生思维品质的发展。例如，在一节主题为"茶的发明"的读写课中，学生阅读的文本介绍了茶的发明历史，但教师设计的写作任务却是"让学生描述自己的某一项发明"。结果，学生无法用英语写作，很多学生描述的内容也不是发明，而只是自己的一些想法。显然，这个写作任务超出了学生的认知和语言水平。对许多学生来说，他们根本没有自己的发明，即使有发明，也没有能力用英语介绍。再如，在一节主题为"环境保护"的读写课中，教师设计的写作任务是让学生以市长的角色分析本市近几年面临的环境挑战，并制定未来五年的环境保护规划。结果，学生写的大多是"不随地吐痰""不乱扔垃圾""不乱涂乱画""不浪费水电"等个体性的日常行为，而非从全市的视角进行阐述。显然，学生现有的知识和经验难以完成这样一个宏大的写作任务。从学生思维品质发展的角度来看，超越学生认知和语言水平的写作任务难以激发学生的深度思考，不利于学生在分析和解决问题的过程中发展思维品质。

除了写作任务难度过高外，还有一些教师设计的写作任务在认知和语言层面过于简单，学生无须深入思考就能轻松完成。这种写作任务不利于培养学生的思维能力。例如，在一节以"儿童节"为主题的读写课中，教师首先让学生阅读了一篇介绍世界各地儿童节的文章，然后要求学生用英语写一篇短文，描述自己"喜欢儿童节的理由"。学生虽快速完成了写作，但大多数理由基本相同，如可以不上学、可以与朋友玩耍、可以在家玩游戏、可以收到礼物等。这些观点虽没有错，但对初中生而言，这样的写作任务缺乏深度，与学生的年龄特征不太相符，难以引发其深度思考。再以一节"饮食健康"为主题的读写课为例。教师先让学生阅读了一篇关于"均衡饮食"的文章，然后要求学生描述自己的"一日三餐"。学生很快完成了写作任务，但大多数学生的内容基本相同，如早上吃面包、鸡蛋、牛奶，中午吃鸡肉、猪肉、米饭，晚上吃面条、蔬菜等，缺乏思维深度。还有一些教师设计的写作任务与阅读材料的主题和内容完全一致。例如,在阅读了一篇介绍中秋节的文章后,教师要求学生写一篇作文向外国朋友介绍中国的中秋节,结果写作任务变成了"抄袭"和"复制"。学生直接使用语篇中的内容和语言,轻松地完成了写作任务。这种写作任务的思维深度也较低,不利于培养学生的思维能力。

二、在读写结合教学中发展学生思维品质的建议

在读写结合教学中,学生思维品质的发展主要受到语篇质量、写作任务与语篇主题的契合度,以及写作任务的认知与语言层次等因素的影响。因此,教师应从语篇质量和写作任务设计等方面,特别是在语篇与写作任务的关联度上,为学生思维品质的发展创造更有利的条件。

首先,教师要严格把控阅读语篇的质量。通常来说,在读写课中,学生阅读的语篇材料主要来自教科书。这些语篇通常由专业人员撰写,质量较高。然而,并不是教材上的所有语篇都适合作为读写课的阅读材料,特别是具有"写作范文"性质的语篇。因为读写课上的阅读语篇不仅有"拓展主题知识"的作用,比如为学生的写作提供主题知识,还有"示范写作知识与技巧"的功能,比如展示某一体裁文章的写作知识与技巧。然而,教材上的一些阅读语篇仅具备拓展主题知识的功能,缺乏示范写作知识的功能。因此,教师需认真研读教材提供的阅读语篇特征,挑选一些适合学生写作模仿的语篇作为读写课的材料。在教学实践中,教师还可从其他教材版本中选择一些具有示范写作知识与写作技能功能的主题语篇作为写作范本,特别是能够体现某一体裁典型语篇特征的主题语篇。需注意的是,对其他教材版本语篇的使用应以"选用"为主,而不要"改编"文本,尤其是语篇的结构、语言、内容等,以避免破坏原文的写作风格、损害文章质量,对学生的阅读造成认知障碍和误导,束缚学生思维品质的发展。

其次,教师要提高写作任务与阅读语篇之间的关联性。在读写课中,阅读语篇的目的有二:一是服务于写作的主题需要,即阅读语篇为学生的写作提供主题知识支持;二是服务于写作的方法需要,即阅读语篇作为学生写作的样本,在语篇结构、修辞手段、语言使用等方面为学生提供学习和模仿的范本。这就要求教师在设计写作任务时,要特别关注写作任务与阅读语篇之间的主题关联、语言关联、结构关联、风格关联等。以"植树节的由来"的

读写课为例,由于植树节属于"节日"的概念范畴,写作任务的设计可从植树节的同类概念展开,比如让学生介绍另一个节日的由来。这样,写作任务与阅读语篇之间就有了多种关联,后者不仅为前者提供了主题关联,也提供了语言和结构关联。这种关联更有助于学生实现知识的迁移。再以"篮球的发明"的读写课为例,教师可从篮球的上位概念或同类概念入手设计写作任务,如让学生介绍"乒乓球的发明""足球的发明"等,甚至介绍"某一体育运动的发明",从而建立写作任务与阅读语篇之间的关联,真正实现读与写的结合,为学生的关联思考、持续思考、系统思考创造有利条件,进而提高学生的思维品质。

最后,教师需合理控制写作任务的认知难度和语言难度。大量研究表明,低于学生认知和语言水平的活动对学生思维发展的作用有限;同样,超越学生认知和语言水平的活动对学生思维品质发展的作用也有限。这是因为,无论是层次过低的活动还是层次过高的活动,都难以激发学生的深层思维,对思维发展缺乏实质性影响。换句话说,低于或高于学生认知和语言水平的写作任务难以激发学生思维的主动性和深刻性,不利于学生思维品质的发展。在写作教学中,层次过低的写作任务由于认知层次过低且缺乏挑战性,不利于学生深入思考、分析和解决问题;而层次过高的写作任务则由于认知层次过高且任务难度大,导致学生思维受阻,难以完成写作任务,从而不利于思维品质的发展。因此,在读写教学中,教师设计的写作任务既要具有一定的挑战性,又不能过于超越学生的认知和语言水平而应与学生已有的知识、经验及语言水平相适应,为学生运用已有知识和语言完成写作任务创造条件,并为思维品质的发展提供支持。

总体来说,读写结合教学是发展学生思维品质的重要途径。但在教学实践中,学生所阅读的语篇质量、教师设计的写作任务与阅读语篇的契合度,以及教师设计的写作任务与学生认知水平和语言水平的适应性,都是影响学生思维品质发展的关键因素。教师应提高阅读语篇的质量,特别是选择在内容、形式、语言和结构等方面具有示范性的主题语篇供学生阅读。同时,教师应增强写作任务设计的关联性和适切性,使写作任务在主题、框架、体裁等方面与阅读语篇相契合,并与学生的已有知识、经验及语言水平相匹配,实现学生思维发展的连续性和系统性,提高思维的逻辑性、深刻性和创造性,为学生完成写作任务创造条件。

第三节 主题写作教学与思维品质发展

主题写作教学是常见的写作课型之一,特别在初中和高中阶段,也是提升学生思维品质的重要途径。然而,在教学实践中,学生思维主动性调动不够、主题知识建构不充分、写作训练任务形式单一、教师示范与提示过度等,这些问题都不利于学生思维品质的发展。在教学实践中,教师应充分发挥学生思维的主动性,提高知识建构的系统性,丰富写作训练任务形式,合理控制教师的介入与干预程度等,为学生的思维发展创造更有利的条件,从而在更大程度上提升学生的思维品质。

一、主题写作课中影响学生思维品质发展的问题分析

在主题写作课中,影响学生思维品质发展的主要问题包括:学生思维的主动性没有得到充分调动,知识建构过于聚焦语言知识和写作知识而忽略主题知识,课堂写作训练任务形式单一,以及教师对学生写作过程的过度干预等。这些问题在一定程度上限制了学生思维品质的发展空间,不利于其全面发展。与读写结合教学中的情况类似,有些问题是单方面存在的,而有些则是多方面的。

首先,学生的思维主动性没有得到充分调动,这不利于其进行主动和深入的思考。在一些主题写作课中,知识的构建以教师为中心,学生仅仅被动接受教师传授的知识。这种知识建构方式是单向的,而非双向的,学生没有通过互动参与知识的联想、归纳、加工等思维过程。在教学实践中,通常是教师先介绍写作任务,然后讲解完成写作任务所需的语言知识,如词汇、句型与语法等,以及写作技巧,如如何安排文章结构、如何写主题句、如何举例、如何结尾等。这些知识通常是教师在课前准备和总结的,并在课堂上以演绎的方式呈现给学生。显然,这种方式忽视了学生的主观能动性,难以激发学生已有的知识与经验,也难以调动学生的思维主动性,对学生思维品质的发展作用有限。换句话说,在这样的课堂中,学生没有主动参与知识建构的过程,只是单方面地、被动地接受教师呈现的语言知识与写作知识。这种教学方式虽有利于语言知识与写作知识的联想与归纳,但不利于激发学生

的思维,不利于学生的主动思考和深入思考。

其次,知识的建构过于聚焦语言知识与写作知识,而忽略了主题知识,这不利于学生的系统思考。在主题写作课中,有些教师过于关注语言知识和写作技巧的培养,而忽视了主题知识或世界知识的建构。教师通常先复习与写作主题和任务相关的重点词汇、句型及相关语法知识,然后着重讲解作文的写作方法,如如何分段、开头、结尾,如何使用从句,如何运用多样化的语言等。这些知识虽对学生完成写作任务至关重要,但缺乏系统性,不利于学生完成后续的写作任务。写作任务的完成不仅仅依靠语言知识与写作技巧,很多时候,学生对主题知识的掌握才是决定作文成败的关键。例如,在一些需要提供建议的作文中,很多学生缺乏的不是与主题相关的词汇和语法知识,而是关于"建议"的相关主题知识或世界知识。显然,这种仅关注语言知识与写作技巧的主题写作课不利于知识的系统构建,也不利于学生思维品质的发展。

再次,写作任务形式单一,且应试色彩浓厚,这不利于学生思维的持续发展。在主题写作课中,许多教师设计的写作训练任务主要以考试题为形式或参照标准,特别以高考或中考的写作题为主,形式较为单一。从应对考试的角度来看,这样的写作任务无可厚非,但从提高学生写作能力和发展思维品质的角度来看,这样的写作任务过于单一,不利于学生学习写作知识、提高写作能力和发展思维品质。写作能力的提高是一个循序渐进的过程,在不同的认知与语言能力阶段需要不同的训练方式,而一味地使用考试题型训练则是人为地拔高了写作要求,忽略了学生的阶段性水平与需求。以高中英语写作教学为例,如果在高一的英语写作课中,教师一开始就使用高考的"读后续写"来训练学生的写作能力,这不仅难以提高学生的写作能力,还可能使学生对高考写作产生恐惧心理。对高一学生来说,课堂写作任务以高考题为写作形式超出了其认知与语言水平。初中的写作教学也是如此,如果教师对初一的学生一开始就用中考写作题来训练,这既不利于学生写作能力的提高,也不利于学生思维品质的发展。

最后,教师的过多示范和提示影响了学生的自主写作,不利于发展学生的创造性思维。在主题写作课中,许多教师在学生写作前进行了大量的示范和提示。例如,一些教师将写作训练任务可能用到的关键词汇和重要句型以"词汇表"和"句型结构"的方式列在写作任务下方供学生参考;还有一些教师甚至在学生写作前,带领学生复习可能使用到的重点词汇和句型,甚至将其写在黑板上或展示在课件中。在写作过程中,许多教师也为学生提供了大量的帮助。例如,有些教师引导学生根据写作要点对作文进行分段,帮助学生设置段落;一旦发现学生在写作中犹豫或遇到困难,他们立即介入指导,为学生提出详细的解决方案,如帮学生想出一个词或造一个句子。尽管这些示范、提示和帮助在一定程度上降低了学生完成写作任务的难度,但这些行为干扰了学生的独立写作和思考过程,违背了写作的创造性原则,属于"过度指导"行为。从某种程度上来说,正是教师的过度介入与帮助阻碍了学生的独立思考和思维品质的发展。

二、在主题写作课中发展学生思维品质的建议

在主题写作课中,学生的思维品质发展面临几个问题:学生的思维主体性未能得到充分发挥、知识建构的系统性不强、课堂写作训练任务形式单一,以及教师的示范、提示、帮助过度。这些问题既不利于学生写作能力的提升,也不利于学生思维品质的发展。因此,教师应从以下几个方面优化写作课的教学过程与环节,为学生思维品质的发展创造有利条件。

首先,应充分发挥学生在知识建构过程中的思维主动性。在主题写作教学中,知识建构的主体是学生而非教师。因此,教师不应成为知识传授的主体,而应作为学生建构知识的促进者,通过互动式的建构方式,引导学生联想、构建与写作任务相关的语言、主题和写作知识,形成系统性的知识链。这意味着,教师需摒弃单向传授知识的思维方式,以激发学生已有知识与经验、拓展学生的知识范畴、引导学生形成新的知识系统为宗旨,充分发挥学生的思维能动性,丰富学生的知识体系,为学生完成后续的写作任务提供知识储备。在主题写作教学中,不同的知识建构方式会对学生思维品质的发展产生不同的影响。在教师主导的知识建构方式下,教师是学习过程的主导者,教师传授什么,学生就接受什么,学生没有选择的机会,只是被动地接受,思维的主动性难以发挥,思维品质的发展受到限制。而在互动式的知识建构方式下,学生是整个知识建构的核心,教师是互动的推动者,其作用是帮助学生唤醒已有知识并学习新知识。这种方式更有助于发挥学生思维的主动性,更利于提升学生的思维品质。当然,强调互动式知识建构方式并不是弱化教师的地位或重要性。相反,教师的作用更加凸

显,因为师生互动的方式、内容等在很大程度上取决于教师而非学生。师生互动的质量既关系到知识建构的程度,也关系到学生思维品质的发展程度。

其次,要拓宽知识建构的范畴。在主题写作教学中,许多教师在学生知识建构方面,重点关注语言知识和写作知识,却忽略了主题知识。教师通常会先复习与写作主题相关的词汇、句型、语法等知识,然后关注写作的基本知识,如如何遣词造句、如何安排文章结构等。显然,教师不仅忽略了主题知识的建构,而且没有以主题知识的建构统领语言知识的建构,导致语言知识与主题知识割裂、意义与形式脱节。这种知识拓展在范畴上是不完整的,不利于学生的后续写作。实际上,在写作中,语言知识与写作知识只是写作的基本条件之一,而与写作相关的主题知识也是影响学生完成写作任务的关键因素。因此,在主题写作课中,知识的建构与拓展不能仅关注语言知识与写作知识,还必须关注与写作相关的主题知识。只有这样,学生的知识建构过程才完整,知识范畴才会拓展,学生所建构的知识才能为写作任务提供有效的支撑,思维品质才能得到更大发展。

再次,要丰富写作训练的形式,避免仅以考试题作为课堂写作训练的唯一形式。写作训练不同于写作测试,其功能更为丰富和多元化。不同的写作训练形式对学生写作能力和思维品质的发展有不同的影响。多样化的写作训练方式不仅有助于学生掌握写作知识,提高写作能力,更有助于提升思维品质。以高中英语写作教学为例,高考的写作题型包括"读后续写",但教师在写作课上不能仅以"读后续写"作为训练任务,特别是在初始阶段。这是因为,长期、大量地训练"读后续写"不利于学生系统地学习知识和提高写作能力,如独立的篇章构思和结构安排能力。在教学实践中,教师可先采用"语篇转述""语篇概括""局部扩写""结尾续编"等不同的写作训练方式,再逐步过渡到"读后续写"。再以初中英语写作教学为例,教师平时的写作训练也不能仅以中考写作试题侧重的"夹叙夹议""记叙文"等体裁为主,也不能以半开放性的"思维导图式"的写作内容为主。相反,应采用多种写作训练方式,如"日记""生活经历的描述""个人感悟的描写"等,逐步过渡到"夹叙夹议"的写作。需强调的是,丰富写作课的训练方式并不是盲目地反对或排斥在课堂上使用考试题的写作训练形式,而是强调仅使用考试题型进行写作训练是不够的。单一的训练方式既不利于学生写作能力的逐步提升,也不利于学生思维品质的不断发展。

最后,要合理控制教师在示范或提示等方面的干预行为。从本质上讲,写作是一个独立的个体创造过程。在写作教学中,有些教师为了帮助学生,尤其是基础薄弱的学生完成写作任务,通常会为全班学生提供写作示范和提示。然而,很多时候,这些示范和提示过多,反而成为学生掌握写作知识、提高写作技能的障碍,也影响了学生思维品质的发展。教师过多的示范和提示在很大程度上替代了学生的主动思考和创造过程,使学生不必过多思考就能完成写作训练任务。表面上看,教师是在为学生的写作提供指导,但实际上,教师已经干预了本应属于学生的写作过程。正是由于教师的这种"过度干预"导致学生失去了独立思考的机会。实际上,许多学生也不喜欢教师在写作前或写作过程中的各种打断、示范和提示。因此,教师应减少对学生写作过程的介入,合理控制干预的程度,为学生的写作和思维发展创造更有利的条件。

综上所述,主题写作教学是发展学生思维品质的重要课型和途径,有助于在不同层面提升学生的思维品质。然而,在教学实践中,仍存在一些问题:教师过于注重知识的传授而忽视学生的思维主动性,课堂知识建构仅关注语言和写作知识而忽略主题知识,写作训练以考试题为主,教师对课堂的干预过多等。这些问题既不利于学生写作知识的建构和写作技能的提升,也不利于思维品质的发展。为了促进学生思维品质的发展,教师应充分发挥学生在知识建构过程中的主动性,拓展知识建构的范畴,丰富写作训练的形式,减少对学生写作过程的介入和干预,为学生思维品质的发展创造更为有利的条件,从而不断促进学生思维品质的提升。

第三章

写作范文与思维品质发展

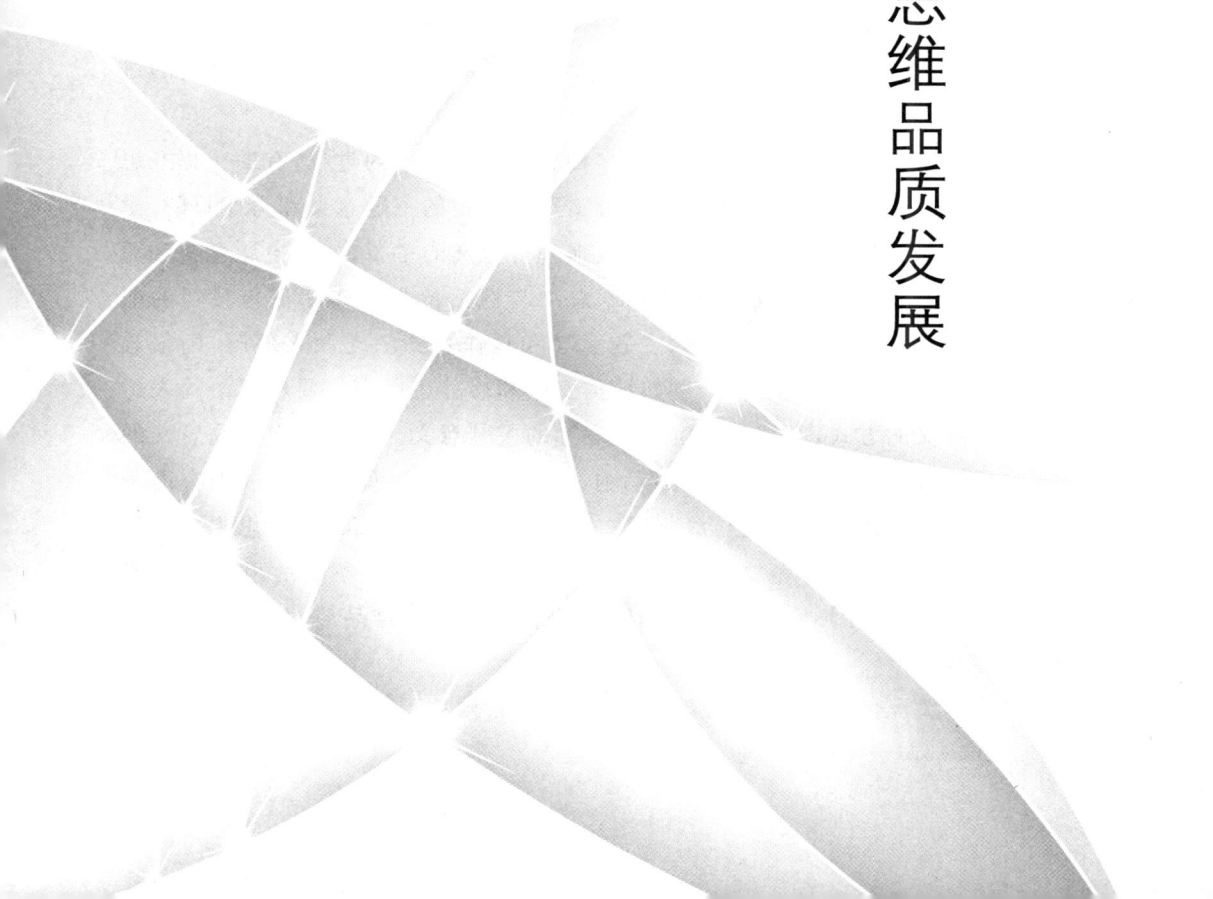

第一节　写作范文对思维品质发展的影响

范文是成功写作的典范(Watson,1982)。大多数研究(如：Watson, 1982;Sahebkheir,2011;Colwell,2018;Kang,2020;Wu et al. ,2023)表明,高质量的写作范文有助于学生学习写作知识、掌握写作技巧、提高写作能力。从思维品质发展的角度来看,学生研读、分析、模仿范文的过程是多种思维共同作用的过程。该过程有助于提升学生的思维品质,如思维的逻辑性、深刻性、批判性等。这是因为,范文本身是主题、内容、语言、结构融合的典范。高质量的写作范文既蕴含着特定的主题意义,又在结构、语言、修辞等方面具有示范价值。因此,学生研读与分析范文的过程同时也是理解范文的主题意义、写作手法、语言使用等语篇特征的过程。在这个过程中,范文中蕴含的主题意义会对学生的思维产生重要的影响;同时,学生归纳范文的语篇结构、修辞手段、语言使用等语篇特征的过程有助于提升其思维品质。此外,学生模仿或运用范文中的知识进行写作的过程是一个迁移与创新的过程,有助于促进其思维品质的发展。

首先,学生研读范文的过程是多种思维共同作用的过程,有助于提升思维的逻辑性、深刻性与批判性等。范文蕴含特定的主题意义和写作目的,学生研读范文的首要任务是全面、深入地理解范文的主要内容、主题意义和写作意图。这是分析范文的语篇特征,总结与概括范文写作知识与技巧的前提。如果对范文的主要内容、主题意义和写作意图缺乏深入理解,则很难掌握作者使用的写作技巧,例如结构安排和修辞手段等。要理解语篇表达主题意义的方式,必须先理解语篇表达的主题意义。理解范文主题意义的过程是融理解、梳理、推理等活动为一体的综合性过程。这一过程有助于提升学生思维的逻辑性与深刻性。与此同时,许多语篇都蕴含思想、情感、态度、价值观等,如范文蕴含的批判性思维因子、与众不同的思想与观点等,这些内容在不同程度上影响和塑造着学生的思维品质,如深刻性与批判性等。

其次,学生归纳和概括范文的语篇结构、修辞手段、语言使用等特征的过程也是多种思维方式共同作用的过程。这一过程有助于提升学生思维的逻辑性和深刻性。范文通常是意义与形式的完美结合,前者是语篇要表达的主题意义,后者是作者表达主题意义的手段,二者相互影响。因此,学生分析范文语篇形式的过程实际上是对语篇的内容与形式进行全面分析的过程。在这一过程中,学生需从形式与内容、方式与目的的视角审视范文所使用的修辞手段、语篇结构等特征,特别是分析作者为何使用这些修辞手段来表达意义及其目的。这种对问题的深入分析既有助于提升学生思维的逻辑性,也有助于提高学生思维的深刻性。在深入分析范文内容与形式关系的基础上,学生还需对范文体现的写作知识进行总结和概括。这个过程实际上是将个性化知识上升为一般性知识的过程,学生需从一篇具体的写作范文中抽象出同一类文章的写作手法。举例来说,如果范文的语篇类型是议论文,那么学生可以从范文的行文规范、谋篇布局、修辞手段等方面归纳议论文的一般写作知识与技巧。

最后,学生将从范文中学到的写作知识运用于自己的写作任务不仅是一个简单的模仿过程,更是一个迁移与创新的过程。需特别强调的是,尽管从表面上看,模仿范文写作似乎是一个僵化、机械的简单加工过程,但实际上,这并不是完全的复制,而是学生独立思考与写作的过程。这是因为,学生的写作任务与范文虽体裁相似,但内容却存在差异。因此,学生不可能完全照搬范文的模式,而要合理地、恰当地、创造性地、个性化地运用范文所体现的某一类体裁文章的行文逻辑、修辞手段等写作知识来完成写作任务。也就是说,学生完成写作任务的过程不是简单的模仿,而是思维加工,是多种思维共同作用的过程。从这个意义上讲,模仿范文写作,或将范文中的部分写作知识运用于自己的写作任务中,是一个迁移与创新的个性化过程。这个过程不仅有助于提升学生思维的逻辑性,也在很大程度上促进了学生批判性与创造性思维的发展。

总的来说,写作范文在培养学生的思维品质方面具有重要作用。学生研读范文的主题意义与写作目的,分析和概括范文的语篇结构、修辞手段、语言使用等特征,并模仿范文进行写作的过程是多种思维活动共同作用的结果。在此过程中,学生的逻辑思维、批判性思维和创造性思维等会不断发展。写作范文的质量越高,越有利于激发和拓展学生的思维,促进知识的迁移与创新,进而推动学生思维品质的发展。

第二节　写作范文存在的主要问题分析

在英语教学中，特别是在中小学英语写作教学中，写作范文广泛存在于各类考试、教辅资料和课堂教学中。有些教师甚至要求学生背诵范文。然而，相当一部分范文在内容的真实性、切题性、话题的延续性、语篇结构、衔接方式和读者意识等方面存在瑕疵，质量不高。这不利于学生深入思考、分析和解决问题，也不利于学生思维品质的发展。

一、真实性不够

内容的真实性指的是语篇应能够准确、有效地再现真实的或想象的物质世界和经验世界（程晓堂，2005）。以真实的物质世界和经验世界为例，语篇内容应客观地反映真实世界，客观地描述人物、事物、经验、事件和感受等。除非有特殊目的，语篇所描述的事物和事件应当是对客观世界的真实反映，而非虚假描述。如果语篇需要描述非常规的事物，则必须解释这些非常规事物与常规事物的区别及它们存在的可能性（程晓堂，2005）。由此可见，内容的真实性主要关注范文对客观世界的描述是否准确、真实，以及对想象世界的描述是否具有存在的可能性。以说明文为例，内容的真实性主要关注语篇再现的内容是否存在常识性错误，是否有与客观现实不符的虚假描述。内容真实性背后的底层逻辑是，语言作为反映客观世界的工具，不能存在与客观世界不相符或不一致的情况。内容不真实的范文思维不严密、不严谨，逻辑性不够、科学性不强，不利于学生按照事物的正常逻辑思考问题。

以一篇范文为例。写作任务要求学生以李华的身份，针对"朋友 Mike 原计划暑假和朋友来中国度假，但由于不被允许出国而非常失望"的情况，给朋友提一些建议并阐述理由。范文内容如下。

Hi, Mike,

I'm glad to hear from you. And congratulations on completing your studies. But I know you are not allowed to travel abroad. I'm so disappointed.

However, there are things you can do at home to prepare for future trips to China. Firstly, you can learn about Chinese places of interest and customs through the Internet or TV. Secondly, I can send you pictures of some famous tourist attractions in China by email, such as the Great Wall in Beijing, the Summer Palace and so on. Thirdly, you can talk with local Chinese to help you better understand China and its culture. Finally, I hope you have a good time in the summer vacation.

I am looking forward to your early trip to China.

Yours

Mike

从范文的内容来看,作者针对朋友 Mike 因无法来中国度假和旅游而感到心情低落和失望的情况,提出了多个行动建议,如"通过网络了解中国的名胜古迹和习俗""给朋友邮寄中国旅游经典照片""与当地中国人交谈以了解中国文化"等。然而,这些建议以"为未来赴中国旅游作准备"为主题,并不符合现实的经验世界。通常来说,如果对方因客观原因无法来中国旅游,应建议其从事其他有意义的替代性活动,如健身、阅读等,而非建议对方花费一个暑假为未来的来华旅程做准备,这显然与现实不太吻合,缺乏真实性。这样的范文不符合基本的常识和逻辑,不利于学生按照正常逻辑深入思考问题。

再以一篇标题为"My Favorite Book"的范文为例,写作任务要求学生阐述自己最喜欢的书的名称、内容及喜欢的原因。范文内容如下。

Good books are valuable treasures. Among all the books I've read, the Monkey King is my favourite book.

The Monkey King is the main character in the traditional Chinese book *Journey to the West*. He is not a normal monkey. In fact, he is brave enough to fight with any bad person and he can always win the fights. So I like to read it.

The book mainly talks about three things. First of all, it tells us why the monkey can make 72 changes and what different animals and objects he can change into. Secondly, the book shows us how the monkey uses his magic stick. Sometimes he can make the stick so small that he can keep it in his ear. Last but not least, the book tells us how the monkey fights with bad people. I like to read this part very much because the monkey always tries his best to win the fights.

The book teaches us to be brave when we are in trouble. And it also tells us to keep fighting to help the weak. Most importantly, it tells us to keep trying in our lives and never give up.

这篇范文对《西游记》内容的介绍,即孙悟空"为什么能七十二变""如何使用金箍棒""如何与坏人作斗争",并不能准确概括《西游记》的主要思想和内涵。虽然孙悟空是《西游记》的核心人物,但《西游记》讲述的并不仅仅是孙悟空的故事,而孙悟空的故事也不局限于七十二变、使用金箍棒和与坏人作斗争这几个方面。显然,范文对《西游记》主题与内容的理解存在局限,范文中再现的关于《西游记》的内容不够准确,与客观世界和经验世界不相符,内容真实性不足,也经不起逻辑推敲。

再以一篇介绍北京文化标志的范文为例,写作任务要求学生以李华的身份,给学校英语公众号留言,推荐一个北京文化标志,对其作简要介绍并说明推荐理由。范文内容如下。

I'm Li Hua, from Class 1, Grade 9. I believe that Jingju is a cultural symbol of Beijing. Jingju tells time-honored stories through singing and movements, showing us what life was like in the past. The performers are in beautiful clothes and with colorful faces.

Jingju is a traditional art form loved by people of all ages. Besides, as a national treasure, it plays an important role in Chinese culture. That's why I think Jingju can be a cultural symbol of Beijing.

I hope my idea can be taken. Thanks!

这篇文章重点阐述了京剧作为北京文化标志的理由。虽然文章中关于京剧的大部分内容是真实的,但其中"京剧被各年龄层次的人所喜爱"的说法与现实不符。实际上,京剧并未普遍受到各年龄阶层的喜爱。此外,文章提到的"京剧展示过去人们的生活"也值得商榷。京剧分为传统京剧和现代京剧,前者关注历史题材,后者关注现实生活。因此,京剧的题材并不局限于"过去的事情"。这些内容不够准确,可能误导学生,不利于培养学生思维的逻辑性和深刻性。

再以一篇标题为"How to Learn English?"的范文为例,写作任务要求学 生给下一届初一学生介绍英语学习的重要性、学习英语的方法,以及学习英 语的建议。范文内容如下。

Dear younger sisters and brothers. As we all know, English is used very widely in the world. How can we learn it well? Here are my suggestions.

First, we should often listen to the tapes, English songs and programs. Watching English movies is also helpful to us. Second, we should speak English in class as much as possible. Don't be afraid of making mistakes. The more you speak, the fewer mistakes you'll make. We'd better join the English club and practice with others. Third, we can read more English newspapers and magazines. It's good for us. At last, we should recite some good passages and keep diaries.

In a word, as long as we do more listening, speaking, reading and writing, we will learn English well.

这篇范文介绍的部分英语学习方法与实际经验存在偏差,观点较为片面。例如,范文提到的"通过背诵课文学习英语""只要进行大量的听、说、读、写练习,就能学好英语""英语说得越多,错误犯得越少"等观点,并不完全符合语言学习的规律。也就是说,范文呈现的内容与真实的学习经验存在脱节,缺乏实践依据。此外,范文提出的一些建议对大多数初一学生而言可行性较低,如"多阅读英语报纸和杂志""写英语日记"等。由于存在知识性或常识性错误,范文的观点和内容显得不够全面,不利于学生进行深入思考和分析。

总体来看,范文在内容真实性方面存在的主要问题是:范文描述的内容与真实的物质世界或经验世界不相符或不太相符。范文的内容存在常识性或科学性错误,对学生有误导作用,不利于提高学生思维的逻辑性、深刻性和批判性。

二、切题性不够

在写作教学中,学生的作文并非自由写作,而是要遵循一定的主题、内容和形式要求,这就是切题性。切题性指的是作文内容需符合所给的作文要求(文秋芳、刘润清,2006)。作文要求不仅涉及主题和内容,还涉及语篇的体裁特点等。以议论文为例,切题性关注的是作文的中心论点与主题的相关度、分论点与中心论点的相关度,以及论据与分论点的相关度(高霄,2009)。切题性不够主要表现为作文内容与写作主题、内容要点及体裁特点不够契合,出现文不对题、主题偏离、主题阐释不到位、混杂无关或多余信息等现象。在教学实践中,切题性不够通常表现为作文内容偏题、跑题,或缺少与写作主题相关的关键信息,或提供了与主题无关的冗余信息,甚至既缺少关键信息又存在多余信息。切题性不够的写作范文不利于学生学习写作知识和提高写作技能。

有些范文写作内容严重偏离主题;有些范文虽部分内容偏离主题,但缺失要点;有些范文内容偏离主题,缺失要点,包含多余信息。这些范文内容不完整、思维不严密,不利于学生按照正常的逻辑思考问题,也不利于发展学生思维的逻辑性和深刻性等思维品质。

以一篇主题为"丰富校园生活、促进同学们身心健康"的范文为例,写作任务要求学生结合自己的经历和感受,写一篇短文,分享自己的建议,并在学校英语网站"VOICE OF TEENS"投稿。范文内容如下。

Health is the base of everything. Then how can we keep healthy? The following tips may help you to reach this.

First, eat healthily and regularly. Eating healthily means having a balanced diet, which includes meat, fish, chicken, duck, vegetables and fruit. You should have various kinds of food rather than focus on some particular one. Eating regularly means you should eat on fixed time and miss none of the meals. Second, exercise every day. Exercise can help grow strong and keep illness away. Third, have enough sleep. One may easily get sick without enough sleep.

Following these tips, you will surely be in good health.

这篇范文的写作任务要求学生结合自己的经历和感受,以"丰富校园生活、促进同学们身心健康"为主题,分享自己的建议。根据写作要求,范文阐述的建议应紧扣校园生活、聚焦身心健康。然而,该篇范文的建议主要集中在"身体健康"层面,如饮食、锻炼、睡眠,没有涉及"心理健康",而且与校园生活这一场景不够契合,不符合写作的主题与要求。这使得范文内容不够完整,思维不够严密。

　　再以一篇以"改变"为主题的范文为例,写作任务要求以"_____ Changed Me"为题,比如 Sports/Music/A Book/A Movie/A Teacher Changed Me,写一篇英语短文。范文内容如下。

Everyone has his own hobby. It may give him lots of happiness. My hobby is listening to music. When I was a child, I enjoy listening to music especially the cartoon music, though I was not good at it, I often lost myself in it. When I am in trouble, music can make me calm down. When I am very tired, it can make me comfortable. When I am angry with something, it can also make me happy again. Listening to music keeps me in a good mood and it's good for my health.

Do you like listening to music? If not, I hope you can have a try, you will find it beneficial.

　　这篇范文的内容严重偏离了主题。写作任务要求描述"某件事或人改变了我",但范文并没有围绕"改变"这一主题来展开,而是重点描述了自己的"爱好"(听音乐)以及音乐对自己的"影响"。尽管"影响"与"改变"在概念上有一定的关联,但两者的内涵并不完全一致。此外,整篇范文甚至没有出现一个与"改变"主题相关的核心词汇。从内容与主题的一致性来看,这篇范文的内容更适合"爱好"的主题,而不是"改变"的主题。这样的范文不利于学生按照正常逻辑思考问题,也不利于发展学生思维的逻辑性和深刻性。

　　再以一篇标题为"Learning to Manage Our Own Lives"的范文为例,写作任务要求结合实际谈谈在生活中提高自我管理能力的重要性,列举在生活中自我管理能力薄弱的现象,并提出合理化建议,发出在生活中提高自我管理能力的号召。范文内容如下。

These days, we Chinese teenagers often depend on our parents in our daily lives. we can't deal with difficulties by ourselves. So it's important for us to learn to manage our own lives.

I think our parents should believe in us and never do everything for us. Sometimes it's OK to give us proper advice and they should allow us to make our own decisions. Also, I think parents should encourage us to face the problems bravely and try to solve them.

For me, I seldom did housework in the past, because I thought it is our parents' work. This is a wrong opinion. We should learn to do housework like sweeping the floor and taking out the rubbish. I hardly cooked either. When my mother was on business, I realized I must learn to cook by myself. After that, I find that cooking is not as difficult as it seems.

In short, the earlier we manage our own lives, the better it is for our future.

这篇范文主要存在要点缺失和内容偏题的问题。题目要求围绕"自我管理"展开论述,应包括"提高自我管理能力的重要性""列举生活中自我管理能力薄弱的现象""提出合理化的建议""发出提高自我管理能力的号召"四个要点。然而,范文在这些方面的论述都不够充分。

首先,尽管范文在第一段提出了"我们应学会自我管理"的观点,并在最后一段发出了"我们越早管理自己的生活,越有利于我们的未来"的号召,但没有具体阐述"提高自我管理能力的重要性"。比如管理如何促进个人发展、提高效率和增强自信等。其次,范文没有详细列举"自我管理能力薄弱的现象",如在学习中无法按时完成作业、生活中不能合理安排时间等。再次,缺少"提高自我管理能力的合理化建议",比如制订详细的计划、合理分配时间、定期反思和总结等。最后,范文的第二、第三段内容偏离了主题,如"父母应该做的事情"和"自己不做家务的反思"等,与"自我管理"的写作主题和内容要求不符。

总之,这篇范文内容不完整,逻辑混乱,思维不严密,不利于学生按照正常逻辑思考问题,也不利于发展学生思维的逻辑性。

再以一篇范文为例,写作任务要求学生以高一新生身份,结合高一新生的英语口语能力问卷调查结果和自身口语情况,给自己的英语老师写一篇短文,描述问卷调查结果(频率、方法)、介绍自身口语情况(水平、打算)等。范文内容如下。

The results of the survey show that 17% of the students hardly ever practise speaking English. 45% of the students usually practice speaking English, and 38% of the students practise speaking English sometimes. How do you practise speaking English? Most students speak more only in class. Some of the students talk with friends in English. Some students practise speaking English in other ways.

In my opinion, we should talk with our partners in English as much as we can. Also, we should often listen to English stories in order to improve our understanding about English. Never be afraid of speaking English in front of others! This is quite important. Over and above, we should learn more English words. Only in this way, can we be a good English speaker!

这篇范文存在以下问题：首先，写作要点缺失，尤其是缺乏对"自身口语水平情况"的介绍。尽管范文描述了问卷调查结果，但没有涉及自身口语水平的关键内容。其次，第二段中关于"自己对学习英语的观点和看法"的阐述偏离了写作任务的要求，这部分内容属于多余信息，与写作任务不符。范文的逻辑性不足，思维不够严密，不利于学生对问题进行深入思考。

还有些范文不存在偏题问题，但存在写作要点缺失或内容多余等问题。有些是单方面的，有些是多方面的。这样的范文内容不全面、思维不严密。

以一篇范文为例，写作任务要求学生以李华的身份给班级的交换生回复邮件，告诉他安全教育主题海报的上交时间，并分享自己设计海报的一些想法。范文内容如下。

Dear Peter,

I'm glad to receive your email. Safety plays an important part in our daily life. Recently our school is having Safety Month activities. Our teacher asks us to design posters about safety. I have finished it already and I will hand in it tomorrow. I would like to share my poster with you. On my poster, I made some safety rules, such as never go swimming in the river or the lake alone, be careful on our way to school or home, never eat junk food, go away from dangerous places to protect ourselves and so on. I drew some pictures on the poster as well. If there is anything more that I can help with, please let me know.

Yours,

Li Hua

这篇范文的写作要点缺失，同时范文中包含了多余信息。写作任务要求"告知安全教育主题海报的上交时间"和"分享自己关于设计海报的想法"，例如思路、观点等，但范文并未涵盖这两个写作要点，而是着重描述了"自己制作的海报内容"，偏离了写作要求。此外，交换生 Peter 写邮件的目的只是询问与安全教育海报相关的事项，并没有寻求帮助的意图，但范文却表达了"帮助对方"的意图，这显然属于多余信息。

再以一篇主题为"运动"的范文为例，写作任务要求学生以一名初三学生的身份，写一篇英语短文参加学校英语社团正在举办的主题为"Sports"的征文比赛，写作要点包括：你做过的运动、你最喜欢的运动、你喜欢的理由、你的计划或建议。范文内容如下。

Life lies in movement. Nowadays, doing sports is becoming more and more popular in China.

As for me, I like taking part in different kinds of sports, like football, basketball, walking, swimming and so on. And I also like to watch sports matches. My favorite sport is swimming. I look like a lovely fish in the swimming pool. I enjoy swimming because it can make me strong and healthy. It can also bring me a lot of happiness.

As we all know, sports can keep us healthy, so now we students are encouraged to do sports. Doing sports can make us look good and feel good. And doing sports regularly can even help us sleep better at night.

这篇范文的写作要点缺失。写作任务要求描述"自己做过的运动""最喜欢的运动""喜欢的理由""运动计划或建议"四个写作要点。但范文主要描述了"自己喜欢做的运动"，如足球、篮球、走路、游泳等，以及"运动的益处"，如保持良好的状态、提高睡眠质量等，没有阐述其他三个写作要点，导致文章缺乏大部分写作要点，切题性不够。

三、话题缺乏延续性

语篇是表达意义的，特定的语篇表达特定的主题意义。为了有效地传递语篇的概念意义，语篇的局部和整体必须保持话题的延续性（程晓堂，2005）。也就是说，语篇中的段落和句子应围绕一个主题或话题展开，不能随意转移或中断话题。在语篇中，只要话题的语义得到延续，话题链就不会断裂（吴碧宇、王建国，2012），语篇才能连贯。可见，话题延续性是维持语义连贯的重要手段。话题缺乏延续性主要指语篇的段落或句子之间的话题出现了割裂或断层，导致话题的延续性中断，语义的局部或整体延续性受到阻碍，语篇的连贯性不足。从学生思维品质发展的视角来看，缺乏话题延续性的语篇不利于学生顺畅地理解语篇的主题意义，也不利于学生思维品质的发展，尤其是思维的逻辑性的发展。

有些范文整篇文章缺乏明确的话题主线，段落缺乏主题句，段落之间缺乏过渡，文章与段落之间的话题延续性不足，中心话题不够突出，信息焦点不够明显，语义逻辑不够清晰。这些问题不利于培养学生的逻辑思维能力。

以一篇主题为"谅解、包容"的写作范文为例。范文内容如下。

As we are not born perfect, it's normal for us to make mistakes in our daily life. For me, there is an event that I would never forget and in which I forgave my best friend Tom.

There was a time when I was addicted to stamp collecting and I spent lots of time on it. After Tom learned about this, he secretly stole my stamp collection and threw it into the trash can. I was so angry with him and I decided not to talk with him for the rest of my life. However, my English teacher heard about this and asked us to go to his office to talk. She told us that we shouldn't be mad about each other and an ideal relationship between friends should be filled with love, care and understanding. Finally, we agreed and hugged each other after he said sorry to me. I forgave what he did and understood the reason of doing this.

I felt a sense of relief after forgiving him. In my opinion, to build a healthy relationship, friends should become good listeners and advisers instead of keeping silent after meeting with problems.

这篇范文的主题是谅解与包容。文章虽整体围绕主题进行了阐述，但缺乏明确的主题句，即以谅解和包容为核心的主题句。此外，文章在局部话题的延续性方面也存在不足。例如，第一段第一句表达了"人无完人，都会犯错"的意思，按照正常逻辑，第二句应当继续讨论"因此我们应学会原谅或包容他人"的内容，但文章却转向了"作者原谅他人的事件"，导致两句之间的话题延续性中断，局部语义没有得到延续。再如，文章最后一段的第一句描述了作者在原谅朋友后的释然感，但第二句并未延续这一话题，而是转到了"朋友之间建立良好关系的建议"这一新话题，这使得两句之间的语义延续性受到阻碍。这样的文章在整体和句子之间缺乏主线,句子之间的逻辑线索不够清晰,不利于读者按照正常的行文逻辑理解文本,也不利于发展读者的逻辑思维。

再以一篇标题为"Learning to Learn"的范文为例,写作任务要求学生写一篇英语短文投稿,介绍自己初中阶段的学习方法和经验。写作要点包括:一个科目名称;此科目的学习方法;学习感受或期望。范文内容如下。

Here are my methods of learning English. First, I usually watch English movies and listen to English songs. I think it's a relaxing way to learn the correct pronunciation and proper expressions. Second, reading passages on the same topic helps a lot in learning new words. In this way, the new words can be repeated and I can understand their meanings better. What's more, it's a good habit to keep a diary in English. That helps me think in English and improve my writing skills as well.

English is a bridge which connects the world and us. It's interesting to learn it. I hope I can make greater progress in the future.

这篇范文的主题是介绍"英语学习方法"。根据话题延续性原则,范文在开头应使用主题句,如"There are many ways to learn English well."以点题,统领整篇文章。然而,范文第一句直接使用"Here are my methods of learning English."作为开头,话题出现过于突兀。此外,范文最后一段的话题(学习英语的价值)与篇章话题"英语学习方法"缺乏关联性,也就是说,篇章话题在语段层面的语义受到阻隔,话题没有得到延续。通常来说,结尾段应该呼应和延续篇章的话题,如"It's important to learn some methods for learning English. Methods can help us learn faster and better."这样才能保持话题的延续性和语义的连贯性。由于话题的延续性不够,导致整个语篇及句子之间的逻辑主线不清晰,不利于发展学生的逻辑思维。

再以一篇范文为例,写作任务要求以"A Small Thing"为题写一篇英语短文,记叙一件经历过的小事。范文内容如下。

It was clear yesterday. I rode to school with my friend Mike. When we passed a bank, I found a wallet on the ground. We stopped and opened the wallet. Oh, there was so much money in it. We think the owner of the wallet must be very worried. We called the police at 110 and handed it to a policeman. He was very happy and said that we were good students.

When we got to school, it was late. I told our teacher why we were late. He said that we did a good thing and encouraged all the students to learn from us. We missed two classes, but we were very happy.

这篇范文的中心话题是"一件小事"。根据话题延续性原则,整篇文章、语段、句子等都应围绕这一话题展开,以保持话题的延续性。但是,范文通篇除标题外,其他地方没有出现过文章的中心话题"A small thing",导致文章的语段、句子层面没有与中心话题保持语义连续性。尽管范文最后一段出现了"A good thing",但"一件好事"与"一件小事"不是同一个概念。从整篇文章来看,文章开头缺乏统领性的主题句,如"There are a lot of small things we do every day...",文章结尾也没有对中心话题的回应,如"Although we did a small thing, we felt very happy."整篇文章的话题缺乏延续性,语义的延续性不够,语篇的逻辑主线不清晰。

再以一篇范文为例。写作任务要求以"One Thing I'm Proud of"为题,用英语写一篇短文,叙述一件你在学校生活、家庭生活、社会活动及兴趣爱好方面令你感到自豪的一件事情。范文内容如下。

I still remember how I became good at English.

Every English class used to be like a bad dream for me. I didn't understand my teacher most of the time. One day, the teacher talked with me and gave me some useful advice. I began to review new words from time to time, even on the way to school. I read aloud to practice pronunciation. I watched English videos, and kept a diary in English. Whenever I met new words, I looked them up in a dictionary. I kept using English every day. Practice makes perfect. About two months later, I got an "A" in the final exam.

I am really proud of this experience, because it helps me realize that everyone can achieve their goals through hard work.

这篇范文的中心话题是"一件自豪的事"。范文虽以学好英语的经历作为令自己自豪的事件展开叙述,但文章直接以"I still remember how I became good at English."开头,缺乏统领文章中心话题的主题句。尽管范文最后一段使用"I am really proud of this experience."点题,但依然不能弥补文章开头中心主题句缺失、文章话题延续性受阻的缺陷。就本文来说,文章开头应使用如"I did a lot of things,but one thing that I am proud of is how I became good at English."这样的主题句,以保持篇章话题与语段话题之间的语义延续性。主题句的缺失会导致范文的中心话题不凸显、范文的话题主线不清晰、句子之间的逻辑主线模糊,不利于发展学生思维的逻辑性等。

还有些范文语段之间话题缺乏延续性,话题受到阻隔或割裂,语义未能延续,导致语篇连贯性不强,逻辑主线不清晰。

以一篇主题为"爱读书、读好书、善读书"的范文为例,写作任务要求学生写一封英文倡议书,号召同学们多读书、读好书。范文内容如下。

Dear schoolmates,

Books are our best friends. Reading books can provide us with rich knowledge. Reading can also make us wiser. We can improve ourselves by reading.

First, we should read some classics, such as *Journey to the West*, *Little Women* and so on. Second, it's better for us to read at the proper time. We can read either after school or on weekends. Third, reading in a quiet and comfortable place is important for us. We can read in the library. After reading we should write a book report and share it with our friends.

There is no end to learning. Let's enjoy reading and keep reading!

这篇范文的中心话题是"阅读"。第一段阐述了阅读的好处:阅读可以提升我们自身。根据话题延续性原则,第二段应延续第一段的话题,具体阐述阅读如何提升我们自身的原因和方式,比如我们为什么阅读、阅读有哪些好处以及阅读如何提升我们自身。之后,再提出阅读建议。但本文第二段直接阐述了阅读的建议,如阅读的书目名称、阅读的时间、阅读的环境选择等,而且在这些建议前面缺乏如"Here are some suggestions for reading"的主题句,段落之间的过渡较为突兀,话题缺乏延续性,语义逻辑不清晰,不利于培养学生的逻辑思维。

再以一篇标题为"Good Ways to Keep Healthy"的范文为例,写作任务要求从饮食、运动及心情三个方面说明如何保持健康。范文内容如下。

It's very important for us to keep healthy. But do you know the ways to keep healthy?

First，we need to have a healthy diet. We can eat vegetables and fresh fruit every day，but we'd better eat less meat. Different kinds of foods are necessary. It's important to have a healthy diet.

Second，doing exercise can make us healthy and strong. We can take a walk after dinner. After school，we can play basketball or soccer with our friends.

Finally，happiness is another way to keep healthy. We should try to make friends，it's a good way to keep us happy. If we often smile，we also feel happy.

这篇范文的中心话题是"保持健康"。范文从饮食、运动、心情三个方面阐述了保持健康的方式,范文的语段、句子话题与篇章话题具有延续性。但范文第一段"But do you know the ways to keep healthy?"这一句与范文后面几段的语义缺乏延续性。因为该句是问句,后面几段是陈述,中间缺少保持话题不受阻隔和中断的过渡句比如"Let me tell you some good ways."
"Here are some good ways."。如果把该句的问句改为陈述句形式,也可和前后的话题保持一致性,如"It's very important for us to keep healthy.
Here are some good ways."。此外,范文结尾也缺乏一个段落呼应篇章话题,延续文章的话题。

还有些范文段落内句子的主位安排不当,导致文章的中心话题不够突出或语义连贯性不强,逻辑主线不清。

以一篇给外国笔友介绍中秋节的寓意、庆祝方式、餐桌礼仪的范文为例。范文内容如下。

Dear Mike,

It's fantastic that you will come to China and spend the Mid-Autumn Festival with a Chinese family.

August 15 of the lunar calendar is a traditional Mid-Autumn festival. This is the middle of the fall of the year，so it is called the Mid-Autumn Festival.

On that day，all our families get together and have a big dinner. We also eat moon cakes，enjoy the full moon and guess the riddles written on the lanterns.

As a guest，you must pay enough attention and give proper praise to the host when introducing the dishes. Don't use your chopsticks to pick a dish in the plate everywhere. You'd better keep quiet when eating and drinking soup.

Moreover，it is a custom to give gifts on the Mid-Autumn Festival. So it is necessary to send gifts to important people during the Mid-Autumn Festival.

Enjoy your stay in China.

Li Ming

这篇范文的话题是"中秋节"。根据话题延续性原则，范文的段落和句子应以中秋节作为主位，以保持句子话题的延续性和语义的连贯性。然而，该篇范文在一些应以"中秋节"作主位的时候却使用了其他的主位形式。例如，范文第二段的第一句"August 15 of the lunar calendar is a traditional Mid-Autumn festival."以"八月十五"作为主位，而没有以"中秋节"作为主位，没有突出主位的语篇功能和话题突显作用。本句应以"中秋节"作为句子主位，即"The traditional Mid-Autumn Festival is on August 15 of the lunar calendar."以与下句"This is the middle of the fall of the year，so it is called the Mid-Autumn Festival."的话题保持延续性，从而实现语义的连贯性。由于主位使用不当而导致的话题缺乏延续性的范文不利于学生按照正常的行文逻辑理解文章。

再以一篇主题为"运动"的范文为例。写作任务要求学生以一名初三学生李华(2017年被评为"校园运动之星")的身份给笔友 Jim 回复一封电子邮件，介绍在初中三年里运动在身体、心理、学习等方面给自己带来的一些益处和未来的运动计划。范文内容如下。

Dear Jim，

How is it going? I am proud of being chosen as"the School Sports Star" of 2017. Now，I'd like to share my experience with you.

I used to be weak and shy，but now I become healthier than before by doing sports. Exercise also helps me get more confident，so I am popular in our school now. With the growth of confidence and popularity，I study harder and get better grades.

To stay healthy, I want to make a plan. First of all, I will do some running every morning. Then, I will climb the mountains on weekends.

I believe it's never too late to do sports. Only in this way can we keep in good health.

Please write to me soon.

Yours,

Li Hua

这篇范文的中心话题是"运动",写作任务要求阐述"运动给自己带来的益处"和"自己未来的运动计划"。根据话题延续性原则,整个语篇应以"运动"作为篇章话题,以确保话题的延续性。然而,该篇范文在某些段落和句子间的话题缺乏延续性。比如,范文第二段第一句"I used to be weak and shy, but now I become healthier than before by doing sports."阐述的是运动对自己身体的益处,但该句没有以"运动"作为主位,而是以"我"作为句子主位,没有突出"运动"的中心话题;同时也导致该句与下一句"Exercise also helps me get more confident, so I am popular in our school now."的话题缺乏延续性。如果该句以"运动"作为主位,则两句之间的话题能够得以延续,如"Exercise helps me to become healthier now than before since I used to be weak. Exercise also helps me get more confident, so I am popular in our school now."。这种范文由于未以语篇的中心话题作为篇章主位和句子主位会导致文章的中心意义难以凸显,语篇的连贯性不够,语义的逻辑主线不清晰。

再以一篇范文为例,写作任务要求学生以李华的身份(正在美国参加一个交换生项目),用英语给接待家庭的 Mrs. Smith 写一个留言条,告诉她今天下午应邀和朋友 Jim 一家外出,要去哪里、去做什么,以及回家的时间和方式。范文内容如下。

Dear Mrs. Smith,

My friend Jim asks me to go out with his family this afternoon. We are going to have a trip to Central Park, which enjoys great fame all over the world.

In the park, a variety of activities have been arranged. To begin with, we plan to walk around for about an hour to enjoy the wonderful scenery. And then, we are going to take a boat tour on the lake. After that, we will have dinner together in a restaurant near Central Park.

It is cheap and convenient for me to take No. 6 bus to go back home and I will get home at about 9:00 p. m. Please don't feel worried about me.

Li Hua

这篇范文主要阐述的是作者和 Jim 一家人的主要活动安排和作者回家的相关信息,范文的中心话题是"我们"和"我",但范文在局部的话题主位结构安排方面没有突出文章的中心话题。比如,第二段第一句"In the park, a variety of activities have been arranged."这句话没有以"我们"作为句子主位,而是以地点和活动作为句子主位,没有突出文章的中心话题。再如,范文最后一段的第一句前半段"It is cheap and convenient for me to take No. 6 bus to go back home and I will get home at about 9:00 p. m."也没有以"我"作为句子主位,范文的中心话题也没有得到凸显,话题的延续性不够,语义不够连贯。同样地,主位安排不当的范文会导致语篇的话题延续性不够,中心话题难以凸显,语篇的逻辑主线不清晰,不利于发展学生思维的逻辑性。

四、语篇结构安排不当

语篇不是段落的简单堆砌,而是在语义层面呈现一定的结构特征(王勇、黄国文,2006)。每个语篇都有其特定的结构,且由于主题和类型的不同,其结构也会有所差异。语篇结构可以分为体裁结构、关系结构和交换结构三种类型(何继红、张德禄,2016)。无论是哪种类型,语篇结构最终都要服务于意义的表达。因此,语篇结构需根据主题意义的表达需求灵活安排。语篇结构涉及语段之间、语段内部的信息分布、语篇的意群设置等,其主要目的是实现语篇脉络清晰、语义连贯。语篇结构安排不当突出地表现为语段之间或语段内部语义混杂、意群设置不合理等。

很多范文语段之间、语段内部存在语义混杂和语义重复等问题,不利于培养学生思维的逻辑性和深刻性。

以一篇标题为"How to Make Our Hometown More Beautiful"的范文为例,写作任务要求学生结合自己平时保护环境的一些做法写一篇英语短文。范文内容如下。

The clean water and green mountains are our treasures. It's our dream to have a home with a blue sky, green trees and clean water. So it's very important for us to realize the importance of protecting the environment and dealing with pollution. But what should we do?

We can take actions in our daily life. We can plant more trees to keep the soil in place. Resources are very important, so we need to save resources to avoid polluting the environment. For example, we can use both sides of the paper. Polluted water should be dealt with in time to keep the river clean because we cannot live without water. When we go to other places, we can choose public transport to reduce air pollution.

In my opinion, everyone can do something small to make a difference. When we see rubbish on the road, we should pick it up immediately. We should also learn to recycle waste by separating the waste into different groups. If all of us work together, we will have a more beautiful home.

这篇范文段落之间语义混杂。第三段的部分内容与第二段的主题相同,内容重复。第三段提到的"捡垃圾""学会垃圾分类"等内容属于日常生活中的环保建议,这些内容与第二段中提到的"植树""使用纸张双面""乘坐公共交通"等日常环保行为一致,更符合第二段的主题"We can take actions in our daily life."因此,应将这些内容安排在第二段,而不应分散在第三段,以避免同一主题的内容混杂在不同段落。此外,将这些内容安排在第二段后,第三段的语义会更加明确,即"In my opinion, everyone can do something small to make a difference. If all of us work together, we will have a more beautiful home."。这样,第三段主要强调主题或呼吁保护环境,而不是将环保行为和呼吁主题的信息混杂在一起。段落之间语义混杂的范文不利于学生清晰地理解文章的结构,不利于培养学生思维的逻辑性和深刻性。

再以一篇标题为"What Can We Do to Help Build Xinjiang?"的范文为例,写作任务要求学生结合自身实际,从出行方式、环境保护、节约意识、与人相处等方面,至少选择两个方面阐述建设美丽新疆的行动计划。范文内容如下。

As is known to us all, people are doing their best to make Xinjiang stronger and more beautiful. As students born and grown up in Xinjiang, what can we do to help build it?

Firstly，we can avoid the traffic jams and reduce air pollution by riding bikes or walking if we don't live far from our school. Secondly，we shouldn't spit or litter here and there. In order to protect the environment，we should also plant trees around our city. Thirdly，we are supposed to stop wasting resources. In our daily life，we should save water, electricity and paper and so on. For example，remember to turn off the tap and reuse water. Last but not least，it's important and necessary to get along well with others. When people are in trouble，we had better give them a hand and try to help them out.

In short，if everyone including us students makes contributions，our hometown will be better and better.

Let's take actions now to do what we can to help build Xinjiang.

这篇范文的不同段落之间的语义存在重叠现象。范文第二段中提出的第二条建议"不随意吐痰或乱丢垃圾"与第一条建议"减少环境污染"属于同一语义范畴，前者是对后者的具体解释，而后者的语义包含前者，不应作为独立建议提出。也就是说，"不随意吐痰或乱丢垃圾"是"减少环境污染"的具体行为，二者之间是包容关系，而不是平行关系。范文将两个具有包容关系的建议作为平行建议提出造成了语义重叠和混淆。此外，第三段"如果每个人都做出努力，新疆会更加美好"和第四段"让我们现在行动起来，尽我们所能帮助建设新疆"虽在意义上略有不同，但二者都是对保护新疆前景的展望和呼吁，意义和语气较为接近，不应作为独立意群单独设置段落。段落间的语义重叠不利于学生理解文章的脉络结构和语义连贯性。

再以一篇标题为"Time and Tide Wait for No Man"的范文为例，写作任务要求写一篇英语演讲稿。内容包括：你对这条谚语的理解；能体现谚语含义的个人经历或经验；你的个人感悟。范文内容如下。

Good morning，everyone!

It's my great honor to have a chance to make a speech here. The topic of my speech today is "Time and Tide Wait for No Man".

In my understanding，the proverb means that if we allow the

invaluable time to waste, it never comes back to you. As a senior three student, time is limited for study, so no one can afford to waste time.

I still remember the golden time in playing two years ago, as a consequence of which I fell far behind others. Realizing that opportunity seldom knocks twice, I seized every moment to study. Gradually I made great progress and was awarded the honorable title of "Star of Progress". Dear fellows, with Gaokao drawing near, we should not be content with what we have done. Value your time from now on and it will bring you benefits.

That's all. Thanks for your listening.

这篇范文的语段内部语义混杂,语段之间语义重合。范文第三段前半部分主要描述作者的经历和感悟,但该段最后两句"Dear fellows, with Gaokao drawing near, we should not be content with what we have done. Value your time from now on and it will bring you benefits."属于"呼吁"性质,与该段前半部分的经历描述不属于同一个意群,不应混杂在一段。此外,范文第二段主要是对谚语意义的解读,但该段最后一句"As a senior three student, time is limited for study, so no one can afford to waste time."属于对生活经历的联系,与第三段对生活经历的描述更为契合,不应混杂在第二段,应该调整到第三段。这样该句与第三段第一句"I still remember the golden time in playing two years ago, as a consequence of which I fell far behind others."可以更好地衔接,有效避免语义混杂现象。

还有些范文的信息结构安排不合理,核心信息没有得到凸显,主要表现为文章内容顺序安排不当,核心信息过于集中,语篇的核心意义得不到凸显,不利于发展学生思维的逻辑性、深刻性。

以一篇邀请英国朋友参加春联艺术展的范文为例,写作内容包括介绍春联的寓意和相关习俗、艺术展的内容、展览品、体验活动及艺术展的时间、地点。范文内容如下。

Dear David,

How's it going? Spring Festival couplets are also called spring stickers. The ancients put up the word "Yichun" on the beginning of spring, and then gradually developed into spring couplets, expressing the good wishes of the Chinese working people to ward off evil spirits, eliminate disasters, welcome good fortune.

Our city will hold an art exhibition of Spring Festival couplets in the stadium on June 28. In this exhibition, you can enjoy the exhibits, experience the activity of putting up Spring Festival couplets, and feel the atmosphere of Chinese New Year. If you can come, you will be very happy.

Looking forward to your reply.

Yours,

Li Hua

这篇范文是一份邀请函,中心话题是邀请对方参加春联艺术展。然而,范文开头没有首先点明写信目的,而是直接介绍春联的寓意和习俗,如:"Spring Festival couplets are also called spring stickers...",话题显得突兀。这种结构安排不符合邀请函的信息结构安排顺序。通常来说,邀请函首先应阐述邀请目的,即邀请对方参加春联艺术展,例如:"I'm writing to invite you to attend an art exhibition of Spring Festival couplets in our city."然后,再介绍春联艺术展的相关信息,最后介绍春联的相关寓意和习俗。这样才更契合邀请函的写作目的,维持语段之间语义的连贯性和一致性。

还有些范文有意将文章按照"开头""主体""结尾"三个部分机械地分为三个段落。从表面上看,这样的文章结构清晰、重点突出,有头有尾,但实际上整体信息比例失调,结构僵化,核心语义难以凸显。这种范文会局限或固化学生的思维,不利于培养学生思维的深刻性、灵活性和创造性。

以一篇"如何让周末生活更有意义"的范文为例。范文内容如下。

Nowadays, we students have some free time on weekends, but how can we make our weekends more meaningful? Here are my suggestions.

Firstly, we can take part in many sports activities. Boys can play basketball, football and so on. Girls can go swimming, skating, or mountain climbing. These sports are good for our health. Secondly, when we are at home on weekends, we can help our parents do housework, such as sweeping the floor, washing dishes. Finally, we can also join in some social activities. For example, we can go to the nursing home to help the old do things and clean the park.

In a word，let's try to plan free time well and make our weekends more meaningful.

这个写作任务要求学生以"如何让周末生活更有意义"为主题，从体育运动、家务劳动和社会活动三个方面提出建议和看法。范文采用典型的"三段式"结构：首段点题，第二段集中阐述核心信息，尾段呼应题目。这种结构虽然清晰、重点突出，但核心信息过于集中，重点内容不够凸显。从结构优化的视角来看，可将第二段的核心内容根据"体育运动""家务劳动""社会活动"三个概念范畴分别独立成段。这样可以避免核心信息过于集中、重点内容相互挤压的问题，使文章主次分明，主题意义更为突出。从思维发展的角度来看，"三段式"结构虽逻辑清晰，但可能限制学生的思维。

再以一篇"My Plan for Summer Holiday"的范文为例。写作任务要求写一篇征文投稿，要点包括学习计划、运动计划、娱乐计划和你的愿望。范文内容如下。

Summer holiday is coming. I'm happy to make a plan for it.

First，I'll prepare myself well for the challenging learning in the senior high school. I think reviewing what I've learned and reading more can help me with that. Second，I will spend some time playing sports to keep healthy and strong. I believe I will be stronger than before after the holiday. Third，I hope to read more books，watch some interesting movies and travel abroad with my family to relax. What's more，I'm going to volunteer in old people's home.

I hope I will do something meaningful in the coming holiday. And I'm sure I can make my plan come true.

这篇范文分为三段。第一段点题，引出暑假计划；第二段从三个方面描述了暑假的学习、运动和娱乐计划；第三段表达希望和愿望。从文章的信息结构安排来看，第二段阐述的暑期学习计划、运动计划和娱乐计划是文章的核心内容。这种结构安排看似"有头有尾""重点突出""结构清晰"，但实际上文章的核心信息相互挤压，反而没有得到凸显。从语义凸显的角度来看，第二段的学习、运动和娱乐计划独立设置段落能更好地突出文章的核心语义，更符合行文习惯。在教学实践中，这种僵化地将文章的重要信息集中在第二段、头尾设段呼应的"三段式"范文在很大程度上会局限学生的思维。需强调的是,否定"三段式"范文并不是说文章不能写三段,而是说文章不能盲目地、僵化地仿照"三段式"设置段落。

还有一些范文设置了两段。有的范文在第一段的信息较少,而第二段的信息过于繁杂,导致文章"头轻脚重";有的则将重点信息集中在第一段,而第二段的信息较少,导致文章"头重脚轻"。这些文章的整体信息比例都不合理,不利于培养学生思维的逻辑性、深刻性和灵活性。

以一篇标题为"My Ideal"的范文为例。写作任务要求描述自己的理想是什么、为什么有这样的理想,以及打算怎样实现自己的理想。范文内容如下。

In the new times, it's very important for us to be a middle school student with an ideal.

I wish to be an English teacher when I grow up. First, I like English. I want to use it often in my daily life. Secondly, I like working with students and enjoy being asked questions and answering them. Thirdly, I'm good at English. Now what I should do is to study hard and get high marks in English test, and try to practice speaking English as much as possible. Only in this way can I realize my dream of being an English teacher one day.

这篇范文共两段,但文章的全部要点集中在第二段。第二段不仅描述了作者的理想是什么、为什么会有这样的理想,还描述了实现理想的方式。该段信息非常繁杂,整篇文章显得"头轻脚重"。从意群的角度来看,范文第二段中关于理想的内容、理想的理由、实现理想的方式都属于相对独立的意义,可以分别设置段落。把全部要点信息安排在第二段、第一段仅起引出话题功能的范文虽具有一定的逻辑性,但由于核心段落的信息过于集中、主次不清,可能导致核心信息相互挤压,不利于中心语义的凸显和学生思维品质的培养。

再以一篇标题为"An Unhappy Experience"的范文为例,写作任务要求描述一件令你不愉快的事件,分享你的体验和感悟。范文内容如下。

Everyone has some unhappy experiences. I had a very unhappy experience between my best friend and me when I was in Grade 8. Never can I forget the time when I prepared for my final exam. During those days, I had so much endless homework that I couldn't finish it. In order to deal with the problem, I decided to copy my friend's homework. But to my surprise, she refused me and gave me no reason. I felt very angry with her. After that, I had no choice but to finish it myself. Finally, I got a better score that time because lots of the questions in the exam were from the homework. I felt sorry for that and tried my best to improve our relationships.

From that experience, I learnt that there is no shortcut to learning, and diligence makes the winner. Meanwhile, I am proud of having a friend like her. I will study from her.

这篇范文也有两段，但文章的重点信息集中在第一段。第一段详细描述了一件不愉快事件的整个过程和结果，而第二段则描述了这件事情带给自己的感悟。从信息分布来看，第一段内容过于繁杂，信息量过大，使得整篇文章显得"头重脚轻"。从文章信息结构的平衡和语义突出的角度来看，第一段的内容可以根据意群进行拆分，独立设置段落。例如，主题句"Everyone has some unhappy experiences. I had a very unhappy experience with my best friend."可以独立成段，事件的发生过程和结果也可各自独立成段。将核心信息集中在第一段，而第二段作为收尾呼应主题的范文虽遵循了一定的逻辑，但由于核心信息过于集中，主次不清，也不利于发展学生的逻辑思维。

还有些范文只有一段，将全部信息集中在一起，意群不清晰、主次不分。

以一篇"感谢老师"的范文为例，写作任务要求表达对一位初中老师的感激之情，内容主要包括对这位老师的印象、感谢原因及祝福。范文内容如下。

It's time for me to say goodbye to my junior school life. I'm here to say thanks to my English teacher Ms. Zhang. She is very kind and patient. She has helped me a lot in my studies since I came to this school. When I was in trouble, she used to encourage me and give me some good advice. At one time I failed to pass an English test and I was very sad about it. She came and cheered me up. She told me some good ways to improve my

English. With her help, I have made great progress in English. I'm so thankful to her for her kind help that I will work harder and try to do better in the future. I hope she will be better and better.

　　这篇范文将要感谢的老师的信息、对老师的印象、感谢的原因以及对老师的祝福等核心信息全部堆积在一起，没有根据意群设置段落，信息过于集中，核心意义没有得到凸显。从意群突显的角度来看，被感谢的老师的信息、对老师的印象、感谢老师的原因、对老师的祝福均可独立设置段落。这种"一段式"的范文虽不影响主题意义的表达，但由于所有信息集中在一起，会造成学生理解上的困难，不利于学生清晰地理解语篇的结构，提高思维的逻辑性和深刻性。

　　需说明的是，段落设置是根据文章的意义表达需求和意群来决定的，不能一概而论。也就是说，文章的段落划分在理论上可以有多种可能性，但不能将这种段落设置方式"模式化"，特别是在范文中。因为文章的结构安排，包括段落设置，是范文示范功能的主要体现之一。范文的段落设置如果僵化或模式化，会影响学生对范文的理解，也会误导学生对文章结构的理解。从主题意义表达的视角来看，段落划分并不影响意义表达的完整性。但从思维培养的视角来看，段落设置的合理性是培养学生思维逻辑性和灵活性的重要途径。

五、衔接方式使用不当

　　衔接性与连贯性是语篇特征的两个重要方面（程晓堂，2002）。衔接是语篇的表层结构关系，而连贯则是语篇深层的语义或功能关系（苗兴伟，1998）。尽管学界对衔接与连贯的关系认识尚存分歧，但大多数研究表明，合理使用衔接手段有助于提高语篇的连贯性。语篇中出现的衔接机制也可以预测语篇连贯性及其程度（张德禄，2005）。可见，衔接手段是实现语篇连贯的重要途径。衔接手段主要包括语法衔接、词汇衔接和逻辑联系语（黄国文，1988）。范文在衔接手段使用方面存在的主要问题是部分衔接手段使用不当或错误，特别是语法衔接和逻辑联系语。这些问题在不同程度上对学生理解范文的语言使用特征造成了障碍和困扰，不利于学生思维品质的发展，特别是思维的逻辑性和深刻性。

　　以一篇"研学旅行"的范文为例，写作任务要求学生写一篇英语短文阐述自己对研学的看法，内容包括表明观点、详细陈述理由、阐述期望或建议。范文内容如下。

Study trip is a kind of school trip. I think study trip is good for students.

Firstly, students have a chance to go out with their classmates. It will make them feel relaxed and excited after a long time of study at school. Secondly, when students go out together, they can learn how to get on well with others. It is also very helpful to experience collective life. After all, teamwork is very important in our daily life. Lastly, when students go out of school, they may visit a beautiful park or climb a clean mountain. But they can also see some dirty rivers or polluted factories. So they will realize the importance of protecting our natural environment.

All in all, I hope students will have more chances to experience these kinds of activities and learn more that can't be learned in class.

这篇范文的主题是"研学旅行"，写作任务要求阐述对研学的看法，包括观点、理由、期望或建议。就衔接方式来看，该篇范文的部分逻辑联系词使用不当。比如，第二段"Secondly, when students go out together, they can learn how to get on well with others. It is also very helpful to experience collective life."中，"学会与他人相处"和"体验集体生活"在概念上有交叉，并不属于递进或增补关系，因此also使用不当。再如，第二段"Lastly, when students go out of school, they may visit a beautiful park or climb a clean mountain. But they can also see some dirty rivers or polluted factories."中，"参观公园或爬山"与"目睹河流或工厂污染"并不构成转折关系，因此but使用不当。逻辑联系词使用不当会导致语义之间的逻辑关系产生错位，不利于学生理解语篇的语义关系。

再以一篇主题为"重视运动安全"的范文为例，写作任务要求基于人们更加重视健康，但运动安全不容小觑的现状，给校报的英语栏目English Corner投稿，号召同学们重视运动安全。写作内容包括运动安全的现状和重要性、运动安全的建议（着装、热身、规则……）等。范文内容如下。

Disease has taught us to pay more attention to our health. Today I want to talk about sports safety.

Sports safety is of great importance in our daily life. Nowadays, students pay less attention to sports safety. So there are all kinds of accidents that happen at schools. We do exercise because it can improve our physical fitness and health. To keep safe can ensure that we can better achieve the goals of sports.

When we exercise, we should do enough warming-up activities. We should wear comfortable and suitable clothes. We should adopt the right way of rest, pay attention to the reasonable diet and health care.

We should exercise to keep healthy, and we should also pay attention to sports safety.

这篇范文在衔接性方面存在的主要问题是逻辑连接词缺失。范文第一段中，"Sports safety is of great importance in our daily life. Nowadays, students pay less attention to sports safety."这两个句子之间存在明显的转折关系，前者阐述"运动安全在我们日常生活中非常重要"，而后者指出"现在学生不重视运动安全"。然而，范文中并未使用表示转折的逻辑连接词，如 but 或 however。此外，在范文的第三段中，"When we exercise, we should do enough warming-up activities. We should wear comfortable and suitable clothes. We should adopt the right way of rest, pay attention to a reasonable diet and health care."这三个句子之间存在递进或增补关系，应在第二个句子和第三个句子之间使用表示递进或增补关系的逻辑连接词，如 and、also、in addition、moreover 等，但范文中未使用。虽然逻辑连接词的缺失不会从根本上影响句子之间的逻辑关系，但可能会导致读者对句子逻辑关系的理解产生障碍。

再以一篇"Story on a Gift"的范文为例，写作内容要求介绍一个关于礼物的小故事。范文内容如下。

There is a big photo on the wall in my bedroom. In the photo, there is a beautiful girl with a sunny smile. This is a special gift for me.

Two years ago, I moved to a new school. I didn't have any friend here, so I felt very lonely. One day, when I sat alone at the desk as usual, a girl passed me, and she turned back, didn't say any word, just smiled. This smile changed my life. Soon, this girl became my best friend. Before we graduated, she gave me some of her photos. I chose this smile photo in order to remember our friendship for ever.

　　这篇范文在衔接方式方面存在的主要问题是指代词使用不当。范文描述的故事发生在两年前,时域与现在不同,但范文使用了 here、this 等表示近指的指代词。"I didn't have any friend here. ""This smile changed my life. ""Soon, this girl became my best friend. ""I chose this smile photo in order to remember our friendship for ever. "在这几个句子中,here 应使用表示远指的 there 替代,this 应使用 that 或 the 替代,以保持动作与时空的一致性,以及文章的整体衔接性。指代词使用不当会造成学生理解上的困难,甚至误解。

　　再以一篇范文为例,写作任务要求结合自己的生活经历,以在特殊的日子收到的礼物为主题,谈谈自己最喜欢哪些礼物、送礼物的人、时间、喜欢礼物的原因等。范文内容如下。

Dear Becky,

Everyone receives many gifts on some special days, so do I. Of all the gifts, I like books very much.

That was on my twelfth birthday party. I invited many friends to come to the party. My best friends Lily sent me a book about history. The history book made me know more about the history and culture. From then on, I began to like reading. I think reading can not only help me relax, but also open a new world for me. I will read more and more books from now on.

　　Li Hua, China

　　这篇范文在衔接方式方面存在的主要问题是指代方式使用错误,特别是特指和泛指的使用。例如,"Of all the gifts, I like books very much. "这个句子的意思是:"在所有的礼物中,我最喜欢书。"很显然,这里的"书"是特指的,即指作者所收到的礼物中的那些书,而不是其他的书或泛指的书。但是范文中使用了"books",显然使用不当,在这里使用"a history book"或"a book"更准确。再如,"The history book made me know more about the history and culture. "中的"the history and culture"中的"the"使用不当,这里不是特指哪个历史和文化,而是泛指历史和文化,不应使用限定词"the"。特指和泛指的错误使用或不当使用虽不会从根本上影响意义表达的完整性,但会影响意义表达的准确性,给学生造成理解上的障碍或误导。

再以一封申请国外高中的自荐信为例,写作任务要求学生以李华的身份写一封自荐信,简要介绍自己的个人信息、学习成绩、爱好能力等。范文内容如下。

Dear Sir/Madam,

I am Li Hua from Wenzhou Tanghe Middle School. I wish to get an opportunity to study at WIS.

Like many other boys, I enjoy doing sports, but maths and science are my favourite. I like Chinese, English and music as well. I have won several prizes in various competitions, including a second prize in an international maths competition.

I have joined in three one-month-tour-study programs in the US, learnt a lot about American culture and made many friends there. So WIS is my first choice to study abroad.

Although I am not the best now, I will make every effort to become a top student and I believe you will be proud of me.

I am looking forward to your kind reply.

Yours sincerely,

Li Hua

这篇范文的主要问题是"so"和"but"使用不当。在范文第三段中,"I have joined in three one-month-tour-study programs in the US, learned a lot about American culture and made many friends there."与"So WIS is my first choice to study abroad."之间并不构成直接的因果关系,但范文使用了"so"。具体来说"参加了在美国的研学项目""了解了美国的文化""在美国交了很多朋友"这三个条件并不直接构成把华盛顿国际学校作为自己在国外学习的首选因素(只能作为把美国视为在国外学习的首选国家的原因),二者并不具有直接的因果关系,或者说这种因果关系比较弱。但如果这些条件与华盛顿或华盛顿国际学校有关,如在华盛顿参加了研学项目、了解了华盛顿国际学校的文化历史、在华盛顿国际学校交了很多朋友,则可构成因果关系。此外,范文第二段第一句和第二句("Like many other boys, I enjoy doing sports, but maths and science are my favourite.")也不具有直接的转折关系,但范文使用了"but"。因为"体育运动"与"数学和科学"虽可作为爱好,但二者并不属于同一个概念范畴,不能作为直接比较的对象,因此,这里使用"but"作为转折显然不当。在逻辑联系语中,因果关系和转折关系使用不当会影响对句际关系的理解。

再以一篇标题为"How Can We Have a Successful Middle School Life?"的范文为例,写作任务要求学生以学长的身份对即将步入初中的学弟学妹们谈谈如何成功地度过初中生活。范文内容如下。

Hi, everyone! I have something to share with you. As we all know, it's important to have a healthy, happy and successful middle school life. Here are my opinions on how to do it well.

First of all, we are supposed to learn to study wisely. Listen to the teacher carefully in class, and take notes carefully. If there is something difficult that you can't understand, you should talk to your friends and teachers often, and try to get help from them. Getting on well with your classmates will make you have an unforgettable memory. Treasure the valuable friendship. What's more, we should communicate well with our parents, who love us most. Tell them about your thoughts and feelings. Last but not least, it's necessary to have good habits. You'd better go to bed early and have enough sleep. It will keep you active during the day. Doing exercise and eating healthy food are also important.

Well, all in all, I hope all of you have a successful middle school life.

这篇范文是作者以"学长"的身份给学弟学妹阐述度过初中生活的建议,但范文在人称指代方面较为混乱,特别在阐述建议时,we 和 you 混合使用,随意切换、指代混乱。比如,"...we are supposed to...""...you should talk to your friends...""Getting on well with your classmates will make you...." "We should communicate well with our parents...""You'd better go to bed early...""It will keep you active...".从交际双方的身份来看,作为学长的作者与作为学弟学妹的读者之间的身份相近,在阐述建议时,使用第一人称 we、us 有助于降低社交距离,更适合"学长"的身份和交际情境,也更容易被交际对象接受。因此,统一使用第一人称的 we、us 有助于保持指代的一致性,而混合使用第二人称 you 则会导致指代前后不一致,影响交际效果。人称指代混乱或不当会影响学生对人物身份关系的理解，也不利于发展学生思维的逻辑性、深刻性等。

六、读者意识不强

读者意识是指作者在写作时心中要有读者，要有对读者负责的态度，学会站在读者的角度审视文章，考虑读者的阅读感受（李玉梅、周保国，2011）。在范文写作中，读者意识主要指范文作者在创作时具有"学生意识"，能够站在学生的视角生产范文，确保范文的内容、语言、结构等适合学生理解、学习与模仿。读者意识不强主要指范文作者在写作时没有从学生的视角出发，忽略了学生的认知能力和语言水平，范文中使用了超越学生能力水平的词汇、句型、语法和修辞等手段，导致范文水平与学生水平脱节，学生难以理解和模仿。从思维品质发展的视角来看，读者意识不强的范文会对学生的理解造成困难和障碍，不利于激发学生的思维主动性，不利于学生深入理解和分析范文，也不利于范文知识的迁移。

以一篇介绍"你最喜欢的一种英语课后作业类型"的写作范文为例。范文内容如下。

A school did a survey among 1,267 students about their favorite kinds of English homework. Here are the results. 42% of the students like listening and speaking homework best, and 29% enjoy reading and writing. The percentage of the students who like the hands-on project is 22% and 7% choose other kinds of homework.

As for me, I like the hands-on project best because it connects what I've learnt with real life in an interesting way. Three weeks ago, we were asked to make an English poster about Dragon Boat Festival. Then I collected much information on the festival. Finally, not only did I finish the task perfectly, but also I got a deeper understanding of our colorful culture. In my opinion, it's the hands-on project that arouses my interest in English and enriches my experiences in learning.

这篇范文的主题是"你最喜欢的一种英语课后作业类型"。写作任务要求学生根据问卷调查统计结果，简要说明图表内容，从图表中选出一种最喜欢的作业类型，并谈谈这种作业的好处。从读者意识的角度来看，范文作者没有站在学生的视角写作,范文使用了不少学生未学习过的句型和结构。例如,第二段中的"... not only did I..."一句使用了 not only 引导的倒装句结构;"... it's the hands-on projects that arouses..."一句使用了 it 引导的强调结构。这些超出学生认知和语言水平的结构可能会对学生的理解造成障碍,不利于学生学习和模仿范文,也不利于学生思维品质的发展,特别是思维的逻辑性、深刻性和创造性。

再以一篇介绍"中国传统工艺品"的范文为例,写作任务要求选择一件中国传统工艺品介绍并阐述喜欢的原因、相关的传说或历史、感想或启示。范文内容如下。

Fancy lantern is my favorite Chinese traditional art. It's colorful and beautiful.

Fancy lantern is made of bamboo or metal covered by cloth or paper with pictures of different characters from Chinese fairy tales. At the Lantern Festival, by tradition, lanterns of different shapes hang from the gates as symbols of good luck. Also, riddles are often written on them at lantern fairs for people to guess. Those who get the answers to the riddles are supposed to have good fortune.

Fancy lantern has been around for about 3,000 years and it's still popular among people, which reminds us that with the development of society, culture keeps changing, but something will remain unchanged.

这篇范文并列句与复合句混合使用,相互包含,句子结构较为复杂。比如,范文最后一段只有一个句子:"Fancy lantern has been around for about 3,000 years and it's still popular among people,which reminds us that with the development of society,culture keeps changing,but somethings will remain unchanged."从结构上看,这个句子是一个并列句,但包含了一个由"which"引导的非限定性定语从句,定语从句又包含了一个由"that"引导的宾语从句,而宾语从句又包含一个由"but"引导的并列句。

再以一篇主题为"家务劳动"的范文为例,写作任务要求描述自己承担的家务劳动、收获和感受。范文内容如下。

At home, I always help my parents do some housework, such as looking after pets, sweeping the floor, doing some washing, cooking and so on, among which, cooking is what I often do for my parents on weekends because they are so busy with their work that they have no time to prepare meals. I buy some fresh vegetables and meat from the market nearby and cook them in the kitchen with great care. Seeing them enjoy the delicious dishes, I am so proud of myself, so are my parents.

Labor not only brings me a lot of pleasure but also helps ease the burden of my parents.

这篇范文也使用了较为复杂的长句,从句中包含从句,句子之间的关系较为复杂,学生不易理解。比如,"At home, I always help my parents do some housework, such as looking after pets, sweeping the floor, doing some washing, cooking and soon, among which, cooking is what I often do for my parents on weekends because they are so busy with their work that they have no time to prepare meals."这个句子包含了定语从句、表语从句、状语从句等。其中,定语从句采用了"介词+关系代词"的形式,学生尚未接触过;表语从句也是学生未学过的内容。此外,这篇范文也使用了倒装句,如"Seeing them enjoy the delicious dishes, I am so proud of myself, so are my parents.",超出了学生的现有语言水平。同时,范文中出现了部分生僻词汇,如"Labor not only brings me a lot of pleasure but also helps ease the burden of my parents."中的 ease 和 burden,大多数学生没有接触过。

再以一篇主题为"积累"的范文为例,写作任务要求以李华的身份写一篇文章向某英文网站投稿,谈谈自己在积累方面做过什么、有什么收获。范文内容如下。

Without accumulating, we can hardly achieve anything. As for me, I have taken lots of measures to accumulate knowledge. First of all, I attentively listened to the teachers, parents, and the others who could provide me with much knowledge, considering that it was one of the most effective ways to enrich myself. In the second place, I used to observe something carefully and took notes at the same time so that I would not miss anything important. Last but not least, when having spare time, I chose to read various books and reviewed what I had gained regularly.

In a word, I have learned a lot during the process of accumulating knowledge. Just as an old saying goes, Rome was not built in one day. That is to say, one cannot succeed without persistent accumulation. So I have learned that only by gaining knowledge step by step can we achieve our goal and realize our dream. In the future, I will continue to keep accumulating knowledge and make greater progress.

这篇范文也使用了状语从句的省略形式、过去完成时态、倒装句结构等也学生尚未接触过的较为复杂的语言形式。例如，"Last but not least, when having spare time, I chose to read various books and reviewed what I had gained regularly."中使用了状语从句的省略形式和过去完成时态，这些知识超出了学生的现有语言水平。再如，"So I have learned that only by gaining knowledge step by step can we achieve our goal and realize our dream."中使用了"only＋介词短语"引导的倒装句结构，也超出了学生的知识水平。

总体来说，范文在内容的真实性、切题性、话题的延续性、语篇结构、衔接方式以及读者意识等方面存在质量问题。这些问题不利于学生准确、深入地理解、分析和模仿范文，也不利于发展学生思维的逻辑性、深刻性和创造性。需说明的是，本章分析的范文存在的问题不止本书讨论的方面，很多范文还存在其他问题，读者可进一步分析。

第三节　促进思维品质发展的写作范文生产与使用建议

写作范文不仅是学生学习写作知识、提高写作技能的重要载体，也是发展学生思维品质的重要途径，尤其对于广泛使用范文开展写作教学的教师而言。范文生产者需不断提高范文的质量，而教师则需谨慎选择和使用范文。在生产范文时，生产者不仅要关注范文的内容，如真实性和切题性，还要关注范文的形式，如话题的延续性、衔接性和语篇结构。此外，还应考虑范文的认知和语言水平，比如读者意识。在选择和使用范文时，教师不仅要关注范文的语篇质量、语篇特征的典型性以及语言与认知的适切性，还要避免过度使用范文，以充分发挥范文的示范价值和功能，从而不断提高学生的思维品质。

一、范文生产者要切实提高范文质量

范文的质量主要体现在内容、形式和认知等多个方面。在内容方面，主要指内容的真实性和切题性。在形式方面，主要涉及话题的延续性、语篇的衔接性和语篇结构。认知方面主要指读者意识，即语篇从读者或范文读者的视角思考问题，考虑了读者的需求和特点等实际情况。范文的质量越高，越有利于学生理解、分析和模仿范文的知识与技能，也越有利于拓展学生的思维，提高其逻辑性、深刻性和创造性等。

内容的真实性是衡量范文质量的首要因素。范文首先是语篇，而语篇存在的基本条件是内容真实。也就是说，语篇描述的内容应与真实的物质世界或经验世界一致，除非有特殊说明，否则不能出现不一致的情况。这就要求语篇所描述或再现的内容必须具备客观真实性，不能随意编造。语篇内容必须"准确、有效地再现真实的或想象的物质世界和经验世界"（程晓堂，2005），不能出现常识性或知识性错误。如果语篇描述的内容不真实，语篇就失去了其存在的价值。以介绍"茶的历史"的语篇为例，如果语篇的描述内容与茶的真实历史不符，且未说明这种不符的理由，那么该语篇就是不真实的。内容不真实的范文不仅会对学生造成理解上的误导，也不利于学生思维品质的发展，而内容真实的范文则有助于学生深入理解语篇，提高思维的逻辑性和深刻性。

内容的切题性是判断范文质量的关键因素。范文在本质上属于"命题作文"而不是"自由创作"，因此范文的内容必须契合主题与要求。对于作文而言，内容是衡量质量的最重要方面，而切题性是判断作文内容的主要变量之一（文秋芳，2007）。在确保内容真实的基础上，切题性是判断作文质量的首要指标。切题性要求作文的内容必须与主题和要求一致，不得出现跑题、偏题或文不对题的现象。切题性还强调信息的比例和详略安排要合理，不得有多余或冗长的信息。与内容的真实性一样，切题性是判断范文质量的基础指标。这是因为作文多为控制性写作，学生不得自由发挥。在教学实践中，作文在内容真实性方面的问题较少，切题性则显得尤为重要。在很多情况下，切题性是判断作文内容的决定性因素。具有切题性的范文遵循作文的基本行文逻辑，有利于学生理解和模仿范文。

话题的延续性主要关注范文是否围绕一个中心话题展开，范文的话题在整体和局部是否有断裂或阻隔、话题是否中断、语义是否受到阻碍。一篇优秀的范文要求语段和句子的话题都围绕整个语篇的话题展开,段落和句子间的话题具有延续性,句子间的语义得到延续。这就要求范文作者在创作时特别关注句子的"话题主位"(朱永生,1995),不随意割裂和转移话题。范文作者要合理安排语段和句子的话题主位,将句子话题和篇章话题联系起来(吴碧宇、王建国,2012),以提高语篇话题的延续性。话题的延续性与主题句、过渡句、主位安排具有重要关联。在许多情况下,文章的话题缺乏延续性是由于缺乏主题句、过渡句或主位安排不当造成的。主题句或过渡句的缺失会影响文章整体与局部的话题延续性;主位安排不当则会影响句子之间的话题延续性,造成语义局部割裂或中断,影响语义连贯。话题的延续性越强,语义连贯性越强;语义的连贯性越强,越有利于发展学生思维的逻辑性和深刻性。

语篇的衔接性主要指语篇的衔接手段,如语法衔接、词汇衔接和逻辑联系词的使用是否恰当,是否起到了衔接和连贯的作用。一篇好的范文在意义上应该是连贯的,在形式上则应该是衔接的。在范文创作过程中,作者要合理使用词汇衔接、语法衔接和逻辑联系词等衔接手段,避免同一种衔接方式的重复或过度使用,如原词重复和逻辑联系词。同时,要避免过度使用逻辑联系词,特别是避免将两个简单句机械地合并为一个复合句。例如,"I stayed up late last night. I was late for school today."合并为"I was late for school today because I stayed up late last night."后,句意的重心发生了变化,前者强调熬夜造成的结果,后者则强调迟到的原因。此外,还要合理使用原词复现,不要在应该使用指代词的时候使用原词重复。范文的衔接性越强,越有利于学生了解其逻辑脉络和语义连贯,进而提高思维的逻辑性和深刻性。

语篇结构涉及文章的整体结构布局和局部结构安排,主要指范文的整体结构安排是否合理,语段之间、语段内部等是否存在语义混杂、重合或中心语义未能凸显等问题。从整体来看,一篇优秀的范文应具备与文章主题意义表达相匹配的宏观结构框架。不同的语篇类型,其结构框架有所不同。例如,记叙文通常按时间顺序组织文章结构;议论文则可能采用正反兼述、权衡利弊的方式,这是典型的平衡关系结构(黄国文,1988)。从段落设置来看,范文不应僵化地使用某一种结构框架,例如把所有重点信息集中在第二段的"三段式"结构,而应根据主题和内容的表达需要,合理安排文章的段落和内容。从语段之间、语段内部来说,语篇结构主要指语段之间或内部不存在信息重复、混杂等现象,即不属于同一意群的内容没有安排在同一个意群或段落。无论是整体结构安排不当,还是局部结构安排不当,都会影响范文的质量,影响学生思维的逻辑性和深刻性。范文的结构安排越合理,语篇的逻辑性越强,语义越连贯,越有利于学生理解、分析和模仿,越有利于提升学生思维的逻辑性、深刻性和创造性。

读者意识要求作者在生产范文时考虑读者的需求和感受。对于范文来说,读者意识有两重含义:一种是传统意义上的读者意识,主要是考虑作文任务中读者的需求;另一种是范文意义上的读者意识,主要是考虑学生作为范文读者的需求。可见,对于范文来说,读者意识的概念和外延更加丰富。作者不仅要从学生的身份考虑写作任务中读者的需求和感受,还要从学生的视角考虑学生作为范文读者的实际需求。对于范文意义上的读者意识而言,范文生产者主要考虑学生的认知与语言水平。这就要求范文使用的句型、语法等不能超越课程标准的要求和学生的认知与语言水平,特别是不能使用一些学生没有接触过的复杂句,如同位语从句、倒装结构、重叠式复合句等。同时,也要避免使用一些超纲词汇或生僻词汇,以免对学生理解和模仿范文造成障碍。范文的读者意识越强,越有利于发挥范文的示范功能,越有利于实现范文知识的理解和迁移,越有利于提升学生的思维品质。

二、英语教师要提高范文的使用能力

提高范文的质量是使用范文的基础,特别在范文作者多元化的情况下。这些作者可能包括非母语人士或类似非母语者的范文生产者,如命题人员、英语教师等。在这种语境下,英语教师不仅要学会辨别范文的质量,还要学会选择和使用范文,恰当地发挥范文的价值和功能,从而为学生思维品质的发展创造更有利的条件。

第一,要严格把控范文质量,切忌盲目采用或随意使用范文。教师首先要判断范文的语篇质量,避免将质量不佳或劣质的范文带入课堂。范文质量的判断主要从内容与形式两个方面进行。就内容而言,高质量的写作范文不仅内容真实,而且能够充分阐述主题并契合写作要求。就形式而言,高质量的写作范文应主题突出,话题具有延续性;语篇结构合理;衔接和连贯性强;语言使用恰当、规范,能够准确表达意义。通常来说,教师应选择由专业作者创作的范文,特别是经典教材中提供的写作范文,避免使用辅导资料或考试题中提供的范文;如果使用自编的写作范文,则需注意其质量。范文的质量越高,越能发挥其示范功能和价值,越有利于提高学生的思维品质。

第二,要选择具有典型语篇特征的范文。范文的主要作用在于示范写作知识与技能,目的是为学生提供具体化和可视化的写作知识与技能,帮助学生通过研读与分析写作样本发现和总结写作知识与技巧。因此,教师应选择特定体裁的典型范文(韩金龙,2001)开展作文教学。范文的语篇特征越典型,就越有利于学生学习写作知识和技巧,也更有助于发展学生思维的逻辑性与深刻性。因此,教师选择的范文应具备语篇的公共属性和典型特征,例如:范文的内容能够恰当地阐释写作主题与任务;范文的整体和局部话题具有一致性;范文的衔接手段使用得当;范文的结构安排能够体现意群;范文不存在语义重复或杂乱等现象;范文的衔接性和连贯性强。范文作为特定体裁的语篇实例,承载着该体裁语篇的共性特征。因此,范文的体裁特征越典型,越有利于学生理解、分析、模仿范文,从而实现知识的建构与迁移。

第三,范文的体裁要广泛。以往的写作教学注重修辞和语法训练,而忽略了体裁和体裁分析(胡壮麟,2001),这不利于学生掌握不同体裁的写作知识与技能,也不利于发展学生的思维品质。因此,在范文教学中,要让学生接触不同类型的体裁,以明确写作目的与内容结构(蔡慧萍、方琰,2006)。不同体裁的范文体现的写作知识和技巧各有差异。例如,议论文重在论点的阐述,而记叙文则重在事件的再现,二者的写作手法和风格不同。在范文教学中,范文的体裁越广泛,越有利于学生归纳不同体裁范文的写作手法和特点,提炼不同体裁文章的共性,提高写作知识建构的系统性。学生只有在学习和归纳不同体裁范文所体现的写作知识与技能后,才能上升到对一般文章写作知识与技能的提炼,进而实现知识的迁移与创新。

第四,要关注范文的语言和认知适切性。从语言层面来看,范文使用的语言,特别是句法和词汇,不能过于超出学生的现有语言水平和课程标准的要求。此外,范文应尽量符合英语母语者的语言使用习惯,避免出现不规范、不地道甚至有语法错误的表达。从认知层面来看,范文涵盖的知识范围不能过于超出学生现有的知识水平,尤其不能包含一些学生目前难以理解的内容。此外,范文的信息密度和篇幅长度也应契合学生的现有水平,至少不应过于超出学生的能力。强调范文与学生语言和认知适切性的目的是确保范文创作者与读者之间的认知一致性或心智连贯性。范文的语言和认知水平越接近学生的现有水平,其价值与功能就越能充分发挥,这对学生理解和模仿范文,以及提升他们的思维品质,都更加有利。

第五,要合理而恰当地使用范文。范文虽可以帮助学生通过具体生动的作文实例实现写作知识与技能的具体化,帮助学生直观地学习写作知识与技能,但由于高质量的写作范文资源有限,教师或学生接触的范文往往存在质量缺陷,无法供学生深入学习。因此,写作教学不应过度依赖范文;同时,过度依赖范文教学会导致知识学习的碎片化,不利于学生系统地掌握写作知识与技能。学生若盲目地模仿范文,可能导致其作文缺乏写作技巧之外的内容(贾爱武,1998)。

这就要求写作教学在充分发挥范文直观性和可视化优势的基础上,注重写作理论知识的教学。实现从特殊性知识到一般性知识的转化,为学生思维品质的发展创造更为有利的条件,不断提升学生的思维品质。

总体来说,范文生产者要不断提高范文的质量,特别要关注范文内容的真实性、内容的切题性、话题的延续性、语篇结构、衔接方式以及读者意识等。范文的质量越高,其典型性和代表性越强,越能体现某一体裁的写作知识和技能,也越有利于学生理解、分析与模仿范文,从而促进学生思维品质的发展,特别是思维的逻辑性、深刻性与创造性等。教师不仅要学会判断范文的质量,还要学会如何选择高质量的范文。教师应为学生提供各类优秀范文(陈立平,2001),这些范文应涵盖各种不同的体裁,能够体现特定体裁语篇的典型特征。范文虽为学生提供了写作的范本,有助于学生直观、显性地学习写作知识和技能,但过度依赖范文或长期使用范文进行写作教学不利于写作知识的系统建构,在一定程度上可能束缚、局限学生的思维。因此,教师应适度使用范文,充分合理地发挥范文的功能,为学生思维品质的发展创造有利条件,不断提升学生思维的逻辑性、深刻性和创造性。

注:本章第二节和第三节的部分内容曾以《初中英语写作范文存在的问题分析》为题发表在《中小学外语教学(中学篇)》2023年第5期。

第四章
写作任务与思维品质发展

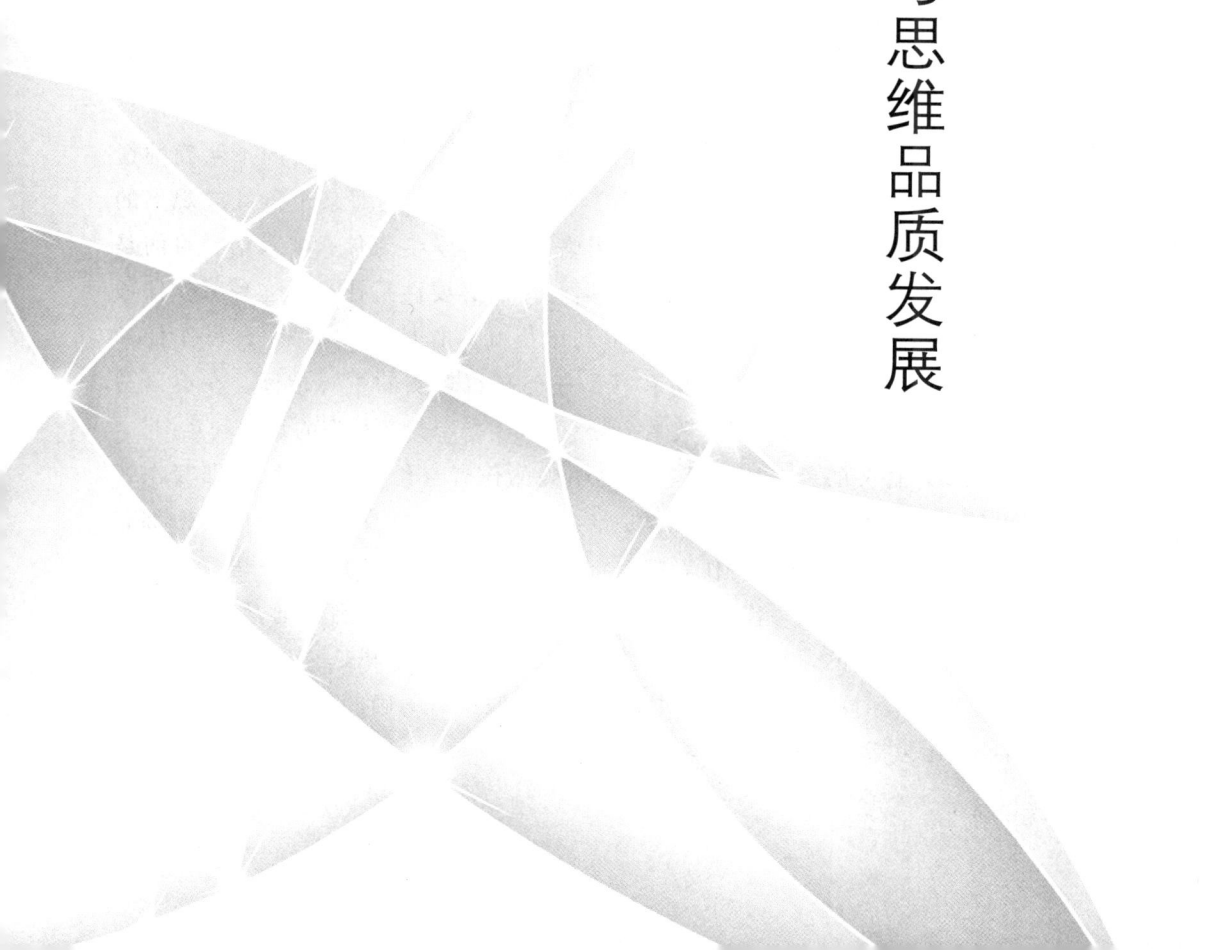

第一节　写作任务

在语言测试中，写作任务是测试学生综合写作能力的重要题型。写作任务通常具有真实的交际情境，目的是测试学生在特定的社会情境中运用语言表达意义的能力。可见，真实性是写作任务的本质特征。从这个意义上说，不存在所谓不真实的"写作任务"。只要是写作任务，就应该具有真实的语境。然而，在写作测试中，不真实的"写作任务"相当常见，主要表现为缺乏真实的交际场景，作者的写作身份不明，读者对象也不清晰，学生不知道写给谁、为什么写，以及为什么用英语写作。缺乏真实的交际目的和明确的假定作者及写作对象，不是真正的写作任务。可见，真实的写作情境是写作任务的基本特点。在写作教学中，真实的写作情境主要指交际情境，包括写作目的、假定的作者和读者（亓鲁霞，2006）。

写作目的是写作任务的基本特征之一。没有明确写作目的的写作任务是不真实的。写作目的不仅体现为作者的交际意图，还包括用英语写作的意图。例如，用英语给不懂英语的人写作就属于目的不明，缺乏交际目标。同样，用英语在不需要英语交流的场景中写作也属于写作目的不明确的情况。举例来说，如果写作任务要求学生写一封信表达对某个事件或观点的看法，这样的写作任务就是目的不明确。首先，学生为什么要写信？目的是什么？为什么用英文写作？使用英语写作的必要性是什么？这种写作任务不利于激发学生的写作动机，也不利于提高写作能力。可见，在写作任务中，写作目的是决定写作情境和写作任务是否真实的主要指标。在英语写作中，写作目的不仅仅指一般的交际意图，还指用英文写作的目的和意图。

写作任务的另一个显著特征是明确的作者身份和读者对象，即写作者以何种身份进行写作，读者对象是谁。因为在真实的交际中，任何写作都有特定的交际对象，而每位作者都有特定的身份。然而，写作任务毕竟与真实写作存在差异。在写作测试中，写作任务的作者和读者身份通常是假定的，而非完全真实的。例如，在写作任务中，"假如你是李华，一名中学生""假如你是张华，你校……"等都是对作者身份的假设。明确的作者身份不仅限于名字，还包括身份，如中学生、校长等。

假定的读者通常指与作者具有一定社会关系的人,例如"你的外国笔友Tom""你的英国外教 Brown 先生"或"你的外国同学 Mike"。换句话说,假定的读者必须与作者有特定的社会关系,这样才有交流的可能性。在确定假定的读者时,还要考虑写作的一般目的,即为什么要写给这个人,更要考虑用英文写作的目的,即为什么用英文而不是中文。这意味着假定的读者首先要有使用英文交流的背景,比如说英语的外国人;同时要与假定的作者具有某种社会关系,如外国笔友、外教等。除了用英语交流的人物外,一些英文杂志和报刊也可以作为假定的读者。

总体来说,写作任务是真实写作语言测试的主要形式之一。写作任务的特点是具有真实的交际场景。这种交际场景与现实生活中人们使用英语进行交际的场景类似,即具有明确的写作目的、明确的作者身份和读者身份。由于写作任务毕竟不同于真实的写作,因此,作者和读者的身份大都是假定的,但这种假定的身份要符合一般交际的基本条件与特征。同时,写作目的要体现英语交际的必要性,即作者与读者通常是使用英语作为交际工具的。因此,写作任务的设计既要考虑写作目的,又要考虑作者身份与读者身份。在写作测试中,很多写作任务不真实的主要原因是用英语写作的交际目的不存在,缺乏假定的作者和读者对象。这样的写作任务不利于测试学生的综合写作能力。

第二节 写作任务对思维品质发展的影响

写作任务不仅是对学生写作能力的测试,也是对学生思维能力的考查。因为思维是写作的必备条件,没有高质量的思维,就不会有高质量的写作(王可,2006)。换句话说,思维是写作的基础,没有思维,写作便难以开展。从这个意义上讲,任何写作都有助于促进学生思维品质的发展。当然,不同质量的写作任务对学生思维发展的影响是不同的。在写作测试中,高质量的写作任务通常具有明确的交际目的,特别是用英语进行交际的目的,并且设定了明确的、假定的作者身份与读者身份。这种写作任务有助于学生在真实的语境中思考问题、分析问题、解决问题,从而提高思维品质。而低质量的写作任务则在情境的真实性、题干设计、写作内容设计等方面存在不足,不利于激发学生的思维主动性,不利于学生的思维品质发展。

高质量的写作任务通常具有明确的交际目的、明确的作者身份与读者对象。这些要素为学生的写作提供了真实的交际情境。在这样的写作任务中,学生置身于一个类似社会性情境的交际场所,以特定的身份向特定的读者对象写信,实现真实的交际目的,例如用英语向英语杂志投稿,或用英语与外国笔友交流意见等。这种写作任务有助于学生明确自己的写作身份和交际目的,使写作更具针对性和真实性。高质量的写作任务与学生的生活经验更加贴近,有助于学生联系实际生活,促使他们运用自己的知识与经验解决问题,因此更有助于发展学生的思维品质。此外,高质量的写作任务也有助于激发学生的写作兴趣与动机,提高他们的情感认同度,从而使学生投入更多的精力与注意力开展写作,提高思维能力。

与高质量的写作任务相反,低质量的写作任务在情境设计、题干信息设计、写作内容设计等方面存在瑕疵,不利于调动学生的写作积极性,也不利于发展学生的思维能力。以题干信息设计为例,低质量的写作任务通常在题干部分对写作情境交代不清,同时提供了一些影响学生自主思考的多余信息,而这些信息本应由学生自主思考和构思。再以写作内容设计为例,低质量的写作任务通常在写作内容方面提示过多,例如有些写作任务列举了大部分要点与内容,学生基本不用思考,只需将写作要点的内容翻译成英语即可完成写作任务,违背了写作的创造性宗旨与目的。这样的写作任务显然不利于学生主动思考,不利于激发其写作兴趣与动机,也不利于提升其思维的逻辑性和创造性。

总体而言,写作任务与学生思维品质的发展密切相关。高质量的写作任务有助于激发学生的写作热情,帮助他们在真实的语境中分析和解决问题,并提升其思维的逻辑性、创造性和批判性。相反,低质量的写作任务在写作情境创设、题干信息设计以及写作内容或要点设计等方面存在缺陷,不利于激发学生的写作兴趣和动机,不利于学生结合生活经验和已有知识分析和解决问题,也无法充分发挥学生思维的主动性和创造性,不利于提升其思维品质。

第三节 写作任务存在的主要问题分析

在语言测试中,写作题兼顾考查独立思考能力、逻辑思维能力及语言表达能力(陶百强,2017a)。写作题属于直接测试,学生需直接运用英语完成相关任务,测试结果能够反映学生的实际英语水平(赵连杰,2020)。同时,写作题较接近真实的语言使用,对教学具有积极的反拨作用(亓鲁霞,2006)。从题型要求来看,写作题应具有真实性、交互性、开放性,并且提示信息应该适度(辜向东、杨志强,2009)。但从各地中考题、模拟题等来看,上述方面均存在问题。例如,有些写作题的真实性较强,但个别试题缺乏开放性(丁继明,2012);有些写作题的真实性不足,交际性欠缺,开放性有待提高(丁继明,2015);有些写作题虽开放性适度,但真实性和互动性不足(黄蓉,2015);有些写作题的真实性较高,但交际性和开放性一般,信息提示量较为冗余(王栋、卞亚玉,2019)。这些问题在不同程度上影响着学生思维品质的考查,不利于学生思维品质的培养和发展。

一、写作情境不真实

情境是写作的逻辑起点。真实情境指源于现实世界、贴近学生经验的生活场景(杨向东,2018)。真实的写作情境主要包括写作目的、假定的作者和假定的读者(亓鲁霞,2006),学生明确知道交际缘由、目的、对象、交际者的身份关系等(辜向东、高晓莹,2007)。写作情境不真实主要表现为写作目的不明、作者和读者身份不清,学生不知道写给谁,为什么用英文写。比如:"爱思考的人善于提出问题,而提出问题有助于解决我们生活或学习中的困惑,请以'A question I asked'为题,并根据要点和要求,用英语写一篇短文"。再比如:"某市正在为创建全国文明城市(National Civilized City)招募志愿者。假设你是李华,想成为一名志愿者。请你用英文给志愿者协会写一封邮件,谈谈你能做的志愿者工作。"

第一个写作任务要求学生以"自己提出的一个问题"为主题撰写一篇英语短文,但学生的写作身份、读者对象以及使用英语写作原因等情境信息都没有明确说明。第二个任务要求学生以李华的身份给某市志愿者协会写一封邮件申请志愿者职位,作者的身份是李华,读者对象是志愿者协会。但为什么要用英文而不是中文写这封申请邮件?在这两个写作任务中,"学生用英语写作的原因及写英语文章的用途"(张春青,2020)没有明确说明。换言之,这两个写作任务缺乏真实的写作情境,学生不清楚自己的写作身份、目标读者以及使用英语写作的目的。这种写作任务不利于学生将已有知识与经验联系起来分析问题、解决问题,也不利于学生思维品质的发展。

二、题干信息设计不合理

题干的主要功能是为写作任务提供背景信息,特别是英文写作的目的、作者与读者的身份等必要信息,但不能提供多余信息。也就是说,写作题目只给出必要的内容,以防止过多的信息干扰学生的独立思考(李萍等,2017)。题干信息设计不合理主要表现为两种情况:一是,题干缺少背景信息,却提供了多余的暗示性信息。例如:"教育就是善意的干预。在我们的成长过程中,我们常常面对父母或老师的提醒与批评。有的同学不理解,有的甚至会有过激的反应。如何客观、冷静地对待这些问题,需要我们认真理性地思考,并作出合理应对。这正是教育要达到的目的。请结合以上现象和生活中的经历,写一篇短文。"二是,题干虽提供了背景信息,但同时也提供了多余的暗示性信息。例如:"自二孩政策出台以来,许多独生子女的观点不一。有的因为即将有弟弟或妹妹而翘首期盼,有的则因担心父母对自己的爱会减少而极力反对。假如你是李红,你的美国笔友彼得(Peter)发邮件想了解你对这一话题的看法及理由,请用英文给他回一封电子邮件。"

从题干内容来看,第一个写作任务提供的主要信息是父母或老师批评或善意干预学生的"理由",但写作的背景信息如作者身份与对象、英文写作的必要性都没有交代。显然,父母或老师批评或善意干预学生"理由"的信息属于映射性的冗余信息,会对学生阐述"观点"和"感悟"提供参考。第二个写作任务提供了写作的背景信息,但题干中"有的因即将有弟弟或妹妹而翘首期盼"和"有的因担心父母对自己的爱会减少而极力反对"这两个信息既有观点又有理由阐述,会对学生阐述"看法及理由"提供直接的参考信息,学生有可能直接翻译或引用,不利于学生独立思考问题、分析问题、解决问题,也不利于学生思维品质的发展。

三、写作内容提示过多

与现实生活中的写作不同,作文并非自由创作,学生无法自主决定写作内容或自由发挥(亓鲁霞,2006)。因此,写作任务通常通过设定写作内容或要点来控制学生的作文内容。然而,在实践中,许多写作题目对学生的限制过多,或提供了具体内容,考生只需将这些内容翻译成英语或用英语描述已给出的内容(程晓堂,2017)。结果是,学生几乎不需要组织思想,只需在短文中包含写作要点,其主要任务实际上是组织语言(陶百强,2016;2017b),不需要查找更多信息,也不需要对信息进行处理,更不需要经历分析、推理、判断等思维过程(程晓堂,2018)。

以一个写作任务为例:"假如你是学校校报英语专栏的小记者,请根据以下要点写一篇短文,描述你校学生李华的一次难忘经历,并表达你的想法。写作要点包括:李华在假期去甘肃参加了文化交流活动;他向当地学生介绍天津的历史和名胜古迹;他介绍自己的学习方法,还为他们演奏钢琴;他与很多学生成为朋友并保持联系;你的观点。"再以一个写作任务为例:"劳动创造美好生活,亲爱的同学,今天你劳动了吗?请你以'Learn to do housework'为题,根据表格信息,用英语写一篇小短文向学校英文校刊 Listen to me 专栏投稿。写作要点包括:做家务的好处:培养生活技能等;力所能及的家务:扫地等;如何坚持做家务:热爱、养成习惯等。"

从写作内容来看,这两个写作任务几乎涵盖了所有要点的具体信息。特别是第一个写作任务,共有五个写作要点,其中四个要点的内容已全部列举,只有最后一个要点要求学生自主思考。显然,这种写作任务限制了学生的思维,不利于培养学生自主思考和解决问题的能力。第二个写作任务虽没有列出具体的写作内容,但列举了三个要点,并在每个要点中举例说明了具体信息,如要点一中的"培养生活技能"、要点二中的"扫地"、要点三中的"养成习惯"等。这样的写作内容同样限制了学生的创造性思维,不利于提高学生的思维品质。

四、写作内容与主题契合度不高

写作内容的功能是根据主题和情境进一步明确写作任务的具体要求。写作内容与主题契合度不高主要表现为写作内容与写作主题关联性不强、写作要点脱离了作文题目的基本内容（亓鲁霞,2006）。例如,有些写作内容缺少与写作主题相关的关键信息,有些提供了与主题无关的信息,还有些既缺少与主题相关的关键信息,又包含多余信息。以一个写作任务为例:"假如你是李莉,你受邀在校学生会主办的英语主题论坛'微信与学习'中发言,请写一篇英文发言稿,谈谈你对中学生使用微信的看法。内容包括:你平时是如何使用微信的? 你对中学生使用微信的态度是什么? 为什么? 你认为什么是真朋友? 为什么?"再以另一个写作任务为例:"假如你是王芳,你的外国朋友 Eric 最近要来中国学习,他发邮件向你了解中国的饮食习惯。请用英语给他写一封电子邮件,谈谈你的感受和建议。内容包括:中国的餐桌礼仪;欢迎他来中国学习。"

从写作内容与主题契合的角度来看,上述两个写作任务的内容均与主题契合度不高。第一个写作任务的主题是"微信与学习",但内容三关于"朋友的内涵及理由"与"微信与学习"的主题无关。第二个写作任务的主题是"中国的饮食习惯",要求围绕主题谈感受和建议,但要点一"中国的餐桌礼仪"与主题"中国的饮食习惯"关联性不大;要点二"欢迎朋友来中国学习"属于电子邮件的次要信息,不应在写作内容中列举。此外,写作内容缺少作者对中国饮食习惯的"感受和建议"这一关键信息。这种写作任务的内容与主题不契合,偏离了主题,不符合一般的交际原则和认知逻辑,对学生具有明显的误导作用,不利于学生全面、系统地思考和解决问题,尤其不利于提高学生的思维逻辑性。

除上述几个主要问题外,写作任务的设计还存在价值观导向偏离的问题。例如,有些写作任务不利于学生形成正确的价值观,也不利于学生"正确看待自己和人生"（刘军怀、司保红,2005）。此外,还有一些写作任务通过"问题"的形式呈现写作内容,这容易使学生误以为写作文就是"回答问题"。在教学实践中,有的学生直接使用"As for the first question, my answer is…; As for the last question, my answer is…"这样的语言来组织文章,这显然与"问题式"表述方式对学生的误导有关。这种写作任务不利于学生独立思考和解决问题,也不利于学生思维品质的发展。

第四节　促进思维品质发展的写作任务设计

高质量的写作任务不仅要求写作情境真实,还要求题干信息设计合理,写作内容与主题高度契合,不存在过多提示或无法阐释主题的情况。在教学实践中,教师可通过以下几个方面提高写作任务的质量:增强写作任务情境的真实性、合理设计信息、减少写作内容的提示、关注写作内容与主题的契合度。高质量的写作任务有助于激发学生思维的主动性和深刻性,充分发挥学生的创造性思维,为学生思维品质的发展创造更有利的条件。

一、提高写作任务情境的真实性

语言测试不仅需要选用情境,而且要尽量提高情境的真实性(程晓堂,2018)。情境的真实性在很大程度上取决于任务的真实性(程晓堂,2021)。因此,写作任务应接近或类似于现实生活中人们用英语进行的活动(教育部,2020)。真实情境在现实世界和英语学科之间架起桥梁,为在问题解决过程中触发学生的学科核心素养表现提供了载体(赵连杰,2021),能够在学生的已有知识经验与写作任务之间建立有效的连接(栗瑞莲,2019)。情境真实的写作任务让学生感到是在解决现实意义的问题,有助于激发学生参与和投入的兴趣(杨向东,2018),使学生有话可说、乐于表达(李萍等,2017)。教师可从明确写作目的、作者与读者身份关系等层面提升写作情境的真实性,从而激发学生的写作兴趣与动机,提高学生思维的主动性,进而提升学生的思维品质。

前述关于写作情境不真实的两个写作任务均可进行改进。第一个写作任务可修改为:"假如你是李华,一名中学生,你们学校的校报英文版正在举行'提问与成长'主题的征文活动,你想给该报投稿。请你以'A question I asked'为题,根据要点和要求,用英语写一篇短文。"第二个写作任务可修改为:"某市正在为创建全国文明城市(National Civilized City)招募志愿者。假设你是李华,一名中学生,你想成为一名英语志愿者。请用英文给志愿者协会英语志愿者招募小组写一封邮件,谈谈你能做的志愿者工作。"

改进后的两个写作任务主要增加了写作情境,明确了英语写作的目的、作者身份和读者对象等。改进后的第一个写作任务明确了作者是中学生的身份,增加了"学校校报英文版""参加英语主题征文大赛"等情境信息,使读者对象和英语写作的必要性更加明确。改进后的第二个写作任务将写作目的"想成为一名志愿者"具体化为"想成为一名英语志愿者",将读者对象"志愿者协会"具体化为"志愿者协会英语志愿者招募小组",明确了英文写作的必要性,并将假定作者"李华"的身份定位为"中学生"。这些改进提升了情境的真实性,为学生在真实语境中分析问题、解决问题提供了条件。

二、合理设计题干信息

作文题干的主要功能是提供写作的背景信息,特别是写作目的、作者身份和读者对象等,而不应包含其他多余信息。正如李筱菊(1997)所言,提示信息如果是语言,则文字应简洁而无冗余。在实践中,教师可从写作目的、作者身份和读者对象等方面审视写作背景信息是否充分,并检查题干信息是否对写作内容有提示或参考作用,以判断其是否多余。合理设计题干信息有助于减少由于背景信息不充分或信息过多而给学生写作造成的理解障碍或写作干扰,有利于提升学生的思维品质。

前述两个写作任务的题干设计不够合理,可进行优化。第一个写作任务可修改为:"假如你是李华,你们学校正在举办一场以'批评与成长'为主题的英文演讲比赛,你将代表班级参赛。请结合你的生活经历,写一篇演讲稿。"第二个写作任务可修改为:"假如你是李红,你的美国笔友 Peter 发来邮件,想了解你对父母生二胎的看法及理由。请用英文给他回复一封电子邮件。"

改进后的两个写作任务明显减少了题干中的多余信息,增加了关键信息。改进后的第一个写作任务删除了题干中关于批评的价值与理由的阐述信息,如"教育就是善意的干预"等;同时增加了写作的背景信息,如作者身份(李华)、读者对象(学生)、写作目的(参加校英文演讲大赛)等。改进后的第二个写作任务删除了题干中"极力赞成二孩政策的原因"和"极力反对二孩政策的原因"等不必要的信息。改进后的写作任务有助于学生独立思考、深度思考。

三、减少写作内容的提示信息

写作内容的功能主要是控制学生的作文内容或要点,但写作任务同时应具有适度的开放性,以便学生自由发挥(辜向东、高晓莹,2007)。因此,写作内容的要点提示要恰当和适度,既要给予学生自由发挥的空间,又要给学生一定的限制,以防止学生随心所欲(董曼霞、方秀才,2014)。在教学和命题实践中,如果提示信息使用的是目标语,要防止学生直接照搬原文;如果提示信息是母语,则要防止学生直接翻译成原文(李筱菊,1997)。教师可通过删减写作内容中多余的提示信息改进写作任务。

前述提示信息过多的第一个写作任务可改进如下:"假如你是学校校报英语专栏的小记者,请根据以下要点写一篇短文,描述你校学生李华的一次难忘经历,并表达你的想法。写作要点包括:李华一次难忘经历的过程和感受;你的观点和理由。"第二个写作任务可改为:"假如你是张华,一名中学生,你们学校英文校刊 Listen to me 专栏正在举办劳动教育主题征文活动,请你以'Learn to Do Housework'为题,用英语写一篇短文投稿。写作要点包括:做家务的好处、力所能及的家务、如何坚持做家务。"

改进后的两个写作任务明显减少了写作内容中的冗余信息,并纠正了"翻译化"的缺陷。改进后的第一个写作任务将对李华所有活动的详细列举,如"参加文化交流活动"等,概括为"李华一次难忘经历的过程和感受",避免了直接翻译写作要点的可能性。改进后的第二个写作任务删除了写作要点中的所有例子,如"培养生活技能""扫地""热爱"等,也避免了学生直接翻译的可能性。删除多余信息后的写作内容更有助于学生独立思考、自主构思,并真实表达主题意义。

四、关注写作内容与主题的契合度

在写作任务中,写作内容应围绕写作主题进行阐释和表达,因此,必须与主题紧密契合。写作内容既不能缺少与主题相关的关键信息,也不能包含与主题无关的冗余信息,否则可能导致"文不对题"或内容与主题脱节的现象。教师可通过删除无关信息、补充关键信息等方式对写作任务进行改进。

前述"微信与学习"的写作任务可修改为:"假如你是李莉,你受邀在校学生会主办的英语主题论坛'微信与学习'上发言。请写一篇英文发言稿,谈谈你对中学生使用微信的看法。内容包括:你平时使用微信的用途;你对中学生使用微信的看法及理由;你对中学生使用微信的建议。"此外,前述介绍"中国饮食习惯"的写作任务可改为:"假如你是王芳,你的外国朋友 Eric 最近要来北京学习,他发邮件向你了解中国的饮食习惯。请用英语给他写封电子邮件,谈谈你的感受和建议。内容包括:中国人的饮食习惯,对 Eric 的饮食建议。"

从改进的内容来看,改进后的写作任务最主要的变化是删除了与写作主题无关的多余信息,并增加了与写作主题相关的关键信息。改进后的"微信与学习"写作任务删除了与主题"中学生使用微信"不相关的内容,即"对朋友内涵的讨论"。改进后的"中国饮食习惯"写作任务则删除了"中国的餐桌礼仪"和"欢迎朋友来中国学习"等次要信息,同时增加了"中国人的饮食习惯"和"对 Eric 的饮食建议"这两个关键信息,提高了任务的关联性和真实性。删除与写作主题无关的内容后,写作内容与主题更加契合,更有利于学生基于写作主题和内容,分析问题和解决问题。

总体而言,写作任务存在情境不够真实、题干信息设计不合理、写作内容提示过多,以及写作内容与主题契合度不高等主要问题。这些问题不利于激发学生的思维主动性,也不利于学生在真实语境中独立分析和解决问题,从而提升思维品质。教师需不断审视自己所设计的写作任务,是否在情境真实性、题干信息与写作内容的设计、写作内容与主题的契合度等方面存在问题,不断提高写作任务的质量,为学生思维品质的发展创造条件,进而提升学生的思维品质。

第五节　促进思维品质发展的写作情境创设

真实写作任务的核心特征是写作情境的真实性。真实情境是指学生现在或将来很可能会遇到的情境(辜向东、高晓莹,2007)。在真实情境中,交际一方以特定的身份,基于交际目的,向特定的交际对象传递信息,表达思想、情感等。真实写作情境主要指交际情境,包括写作目的、假定的作者和读者(亓鲁霞,2006)。在写作教学和测试中,写作情境不真实,主要表现为写作目的、假定的作者与读者对象缺失,学生不知道以什么身份写作、写给谁、为什么写以及为什么用英文写。写作情境不真实会导致写作任务不真实,从而影响写作的交互性(张泰刚,2021),不利于提高和评价学生的写作能力,更不利于学生思维品质的发展。

一、写作情境问题分析

在写作教学和测试中,写作情境的有些问题是单方面的,如缺少写作目的、缺少作者身份或缺少读者对象;而有些问题则涉及多个方面,比如可能同时缺少写作目的和读者对象,或缺少写作目的和作者身份,甚至可能同时缺少写作目的、作者身份和读者对象。这些情境要素的缺失导致写作任务不真实,不仅不利于评价和提升学生的写作能力,也不利于提高学生的思维品质。

(一)写作目的缺失

情境真实的写作任务以交际为目的,具有明确的写作意图(亓鲁霞,2006)和预期的交际结果。例如,邮件往来、邀请函、表扬信、祝贺信等都有特定的交际意图和预期的交际结果。写作目的主要指写作的交际意图,即为什么写? 写作意图是什么? 预期的交际结果是什么? 在英语写作情境中,写作目的除了具有一般的交际意图外,还需有用英文写作的特殊意图。例如,"用英文给英国笔友回复邮件"既有一般的交际意图,也有使用英文的特定交际意图。在写作教学和测试中,写作目的缺失主要表现为缺乏写作的一般交际意图,或缺乏英文交际的特殊意图,或两者皆缺乏。

以某课堂作文任务为例:"假如你是李明,一名中学生,请你给同学张华发一封英文邮件,谈谈你的暑期学习计划。"这个写作情境要求学生以李明的身份给同学张华发一封英文邮件,阐述自己的暑期学习计划。然而,题目并没有交代写作的一般交际意图,即李明为什么要告知张华自己的暑期学习计划。有些人可能会认为,李明和张华是同学,李明告知张华自己的学习计划是同学之间的正常交际行为,但这显然不是充分的理由。因为在正常的交际中,除非一方发出邀约或请求,否则另一方一般不会单方面告知。此外,从题目中看不出李明给张华发英文邮件的特殊交际意图。因此,该写作情境既缺乏一般的写作交际意图,又缺乏英文写作的特殊交际意图,情境不够真实,不利于学生思维能力的发展。

还有些写作任务虽交代了写作的一般交际意图和用英文写作的要求,但缺乏英文写作的特殊交际意图,即英文写作的必要性。以某中考英语写作任务为例:"随着电脑的普及,许多中国学生逐渐忽视书写。针对该现象,请你用英语写一篇短文向校刊投稿,阐述书写的重要性。"这个写作情境要求学生给校刊投稿,阐述书写的重要性,交际目的清晰。然而,学校校刊的读者主要是全校师生,校刊的语言通常是中文而不是英文(除非是英文校刊或一些外国语大学的校刊),为什么要用英文投稿呢？显然,用英文给中文校刊投稿不符合真实的写作情境(李筱菊,2001)。当然,也许有人会说,既然题目要求用英文投稿,那是否意味着题目中的校刊默认是英文版？这种理解也显得牵强,因为如果题目中的校刊是指英文版,那么题目需要明确说明,否则读者只能按常识理解为中文版。因此,该写作情境虽有写作的一般交际目的,但缺乏英文写作的特殊交际目的,即英文写作的必要性。

(二)作者身份缺失

明确的作者身份是真实写作情境的三大关键要素之一,有助于增强写作情境和任务的真实性。在情境真实的写作任务中,作者的身份通常是假定身份(亓鲁霞,2006),而非真实身份。这是因为在现实生活中,学生使用英文进行写作交流的情境并不常见。因此,在设计写作情境时,通常将作者身份设定为假定身份,以更好地契合真实写作的要求。作者身份缺失主要指假定身份的缺失,即学生不知道以何种身份进行写作,导致写作情境和任务不真实,既不利于调动学生思维的主动性,也不利于学生基于写作的交际性原则思考和解决问题。

以某中考英语作文题为例:"某英文网站正在开展关于良好生活习惯的征文大赛,请以'Good Living Habits Make Me'为题,写一篇不少于80个词的英语短文参加此次大赛。"在这个写作情境中,写作目的很明确,即参加某英文网站的征文大赛,读者对象也是明确的,即该网站的读者。然而,作者的假定身份却是缺失的。在这种情况下,学生的写作身份只能理解为他们的真实身份。但真实的学生既不可能也无法在中考考场这样特殊的场合中参加假定的"某英文网站"的征文大赛。这就造成了真实作者身份与写作情境之间的冲突,导致作文情境失去真实性,作文任务不够真实,不利于学生思维能力的发展。

在交际性情境中,交际参与者都有特定的身份,如姓名、职业等。由于真实写作任务的情境以现实生活中已存在或将来可能遇到的情境(辜向东、高晓莹,2007)为参照点,因此,假定的作者身份通常包括作者姓名如"李华""张华"等,以及职业如"中学生""校长"等契合情境的信息。写作情境不同,作者的假定身份设计也不同。举例来说,如果让学生写一篇演讲稿参加校学生会举办的"英文演讲大赛",作者的身份假定为"中学生"更为契合;但如果让学生写一篇演讲稿参加"某国际教育论坛",作者的身份假定为"校长"则更契合情境的要求。当然,"校长"的假定身份是否适合,还需根据写作内容来确定,以避免超越学生的认知水平和生活经验。在作者身份不明的写作情境中,学生不知道以什么身份写作、站在什么立场写作,这种写作情境会限制学生思维的主动性,不利于提升学生的思维品质。

(三)读者对象缺失

明确的读者对象是作文情境真实性的三大关键要素之一(亓鲁霞,2006)。读者对象主要指作文的假定读者,即作文是写给谁的。在社会性情境中,如果一方用英文进行交流,则交流的另一方通常是使用英文交流的人或组织。在真实的写作情境中,读者对象也通常设定为使用英文或懂英文的人或组织。如果读者对象不懂英文或不以英文为交流语言,英文写作的必要性就不存在了。例如,给不懂英文的人写信或演讲显然不符合真实的交流情境(特殊情况除外)。读者对象的缺失主要表现为写作情境缺乏明确的读者,学生不知道该写给谁。读者对象不清会导致写作情境和写作任务不真实,学生不清楚写作的对象,写作的交际性受到影响,不利于学生进行交互式思考。

以某中考英语作文任务为例:"在日常生活和学习中,我们经常需要与人合作(Cooperate)。假如你是李华,请你就如何成为一名优秀的合作伙伴写一篇英语演讲稿。"这个写作任务要求学生以李华的身份写一篇英语演讲稿,但题目没有明确说明演讲的对象,即听众是谁? 这属于典型的读者对象缺失的情况。类似的情况还有"用英文写一份家规""用英文讲一个故事""用英文写一篇短文"等。读者对象的缺失会削弱写作的交际性,弱化情境的真实性,导致写作目的不明确。例如,为什么要写英文演讲稿? 为什么要写英文家规? 为什么要讲英文故事?

在真实的写作情境中,读者对象通常是明确的,如"外国笔友"。但在某些情况下,读者对象是隐含的。例如,给"某英文杂志投稿"时,读者对象显然是该杂志的订阅者,但也可能包括通过其他途径接触到该杂志的读者。再如,为参加"学校英文演讲比赛"写演讲稿时,读者对象是观看比赛的师生和评委等。在这种情况下,由于交际情境本身已隐含了读者对象,题干则无须赘述。

需强调的是,在写作教学和测试中,写作情境的真实性问题不仅仅是单方面的。不少情境既缺乏写作目的,又缺乏假定的作者与读者对象。还需强调的是,写作目的、假定的作者和读者对象这三个要素是相互影响的,某一要素的缺失会直接或间接地影响其他要素。例如,作者身份和读者对象不明会直接影响写作目的,导致写作目的不明确。从思维品质发展的视角来看,无论哪一种情境要素的缺失都会损害情境的真实性,不利于学生思维品质的提升。

二、促进思维品质发展的真实写作情境创设

写作情境的设计应尽量从真实生活出发,找出特定场合及环境中语言交际的运作条件和特征(卢晓仙,2003)。在写作教学和测试中,作文情境真实性设计存在问题的根源是教师或命题者对情境真实性的内涵及真实写作情境的价值认识不足。例如,有人认为没有必要设置情境,甚至认为加入情境反而显得不自然(李筱菊,2001)。实际上,写作是一种交际行为,情境真实的写作任务有助于提高和评估学生的写作能力。教师或命题者可从明确写作目的、作者与读者的身份关系等层面增强写作情境的真实性(张泰刚,2021)。真实的写作情境更有助于激发学生思维的积极性、主动性和创造性,有利于学生联系自己的已有知识和生活经验分析问题、解决问题,并有助于提高学生思维的逻辑性和创造性。

(一)明确写作目的

写作目的是写作情境的核心,缺乏写作目的的写作情境不能称之为真实的写作情境。因此,明确写作目的是提高作文情境真实性和作文任务真实性的关键。明确写作目的的关键在于作文题干不仅要清晰阐述写作的一般交际意图,还要说明英文写作的特殊意图,即英文写作的必要性。例如,"回复英文邮件""参加英语论坛""参加英文征文大赛""参加英语演讲比赛"等情境既涵盖了一般的写作交际意图,也包含了英文写作的特殊交际意图。由此可见,真实的写作情境不仅要明确说明为什么要写作,还要解释为什么使用英文写作。只有清晰地阐述了写作的一般交际目的和使用英文写作的特殊目的,作文情境才真实,才有利于激发学生的思维,发展学生的思维品质。

比如:"假如你是张华,一名高中生。你的英国笔友 Paul 发邮件请你给

他介绍你的业余爱好,请回一封英文电子邮件告知。"在这个写作情境中,写作的目的是回复邮件,因此,张华发送邮件介绍自己业余爱好的行为具有真实的交际目的。由于笔友 Paul 是英国人,用英文写作的必要性也是合理的。因此,这个写作情境既有写作的一般交际目的,又有英文写作的特殊交际目的,符合真实写作情境的要求,有利于学生思维能力的发展。

(二)明确作者身份

在真实的写作交流中,作者通常具有明确、特定的身份。作者身份是写作的起点,是写作的前提。学生只有明确知道自己以什么身份写作,才能开展真实的交流。在英语写作情境中,作者身份通常是设定的,而非真实的。因此,明确作者身份主要是明确学生的假定身份,特别是作者的姓名、职业等与语境相契合的身份信息。比如:"现在很多学生不愿意做家务,或者家长担心影响孩子学习而不让他们做家务。假如你是班长李华,你将代表你们班级参加校学生会举办的英语主题论坛'家务与成长',请你写一篇英文发言稿。"很明显,这个写作情境的作者身份是班长李华,符合真实写作任务的情境要求。

需强调的是,在英语写作和测试中,学生通常以假定身份而非真实身份进行写作,这主要是由于学生使用英语进行交流的情境局限性所决定的。在现实生活中,学生以真实身份参与的交际场景较少。因此,很难创造出让学生以真实身份参与的英语写作情境,尤其是在教学或考试的特定环境中。此外,在中高考等高利害考试中,学生以真实身份写作可能不利于公正评卷,这也是设计写作情境时采用假定身份的一个考量因素。

(三)明确写作对象

写作对象主要指作文的假定读者,即作文是写给谁的。明确的写作对象是真实写作情境的关键要素之一,有助于学生开展真实写作,从而提高思维品质。在很多情况下,写作对象是使用英文写作的前提。例如,用英文给英国人或美国人写信是有必要的,但给不懂英文的父母写信,或用外文撰写只在国内中文刊物上发表的文章,而其读者对象并非外国人时,就显得不合理(李筱菊,2001)。写作对象与写作目的密不可分。在许多情况下,写作目的明确了,写作对象也就清晰了。例如,"给某青少年英文杂志投稿"的写作情境既有明确的写作目的又有清晰的写作对象。然而,写作对象明确并不意味着写作目的也明确。比如,在"给同学李明写一封英文邮件谈论自己的饮食爱好"的写作情境中,写作对象虽然清晰,但写作目的却不太明确。

明确写作对象的主要方法是在作文题干中清晰地阐述写作对象与作者的身份关系,建立作者与读者之间的沟通纽带,尤其是英文交流的纽带。英文写作对象主要指具有英文使用背景的人或组织,例如"外国笔友""英文杂志""英语论坛"等。由此可见,在真实的英语写作情境中,写作对象应围绕具有英语使用背景的人或组织设定。否则,可能导致情境不真实,比如给一个不懂英文或不使用英文的人写英文信件,就属于写作对象设置不当。在写作情境中,明确的写作对象有助于明确写作目的,增强情境的真实性,有利于学生使用英语真实表达思想和情感,发展思维品质。

总体来说,写作情境的真实性强调写作任务的情境与现实生活中完成类似交际任务的场景的相似程度(黄大勇,2004)。因此,写作情境的设计应充分考虑英语语言在现实生活中的使用情况(教育部,2020)。与现实生活情境接近或类似的写作任务为学生提供了真实的写作情境,有助于明确英语写作的必要性(王笃勤,2008)。在写作教学中,情境真实的写作任务有利于学生真实表达意义,提高写作能力;在写作测试中,情境真实的写作任务有助于考查学生在解决真实问题、完成真实任务过程中体现出的语言能力等核心素养(教育部,2022)。从学生思维品质发展的视角来看,真实的写作情境为学生提供了运用目标语言思考问题、解决问题的真实场景,有助于学生运用自身的知识与生活经验分析问题、解决问题,并提高其思维的逻辑性、深刻性、创造性等。教师和命题人员需从写作目的、假定的作者和读者等方面全方位审视与提升写作情境的真实性,优化写作任务,为学生写作能力的提高和评价创造更为有利的条件,促进学生思维品质的不断发展。

注:本章第三节和第四节的部分内容曾以《初中英语写作任务设计存在的问题分析与改进建议》为题发表在《中小学外语教学(中学篇)》2021年第7期;本章第五节的部分内容曾以《初中英语作文情境真实性设计存在的问题分析与改进建议》为题发表在《英语教师》2023年第7期。

第五章

作文反馈与思维品质发展

第一节　作文反馈

作文反馈是作文教学的重要组成部分，其功能是为学生的作文评估提供标准和证据，帮助学生了解自己作文中存在的问题，为学生修改作文、提高写作技巧提供参考。作文反馈的方式有不同的分类。从反馈的主体来看，有教师反馈（Teacher Feedback）和同伴反馈（Peer Feedback），前者以教师为主导，后者以学生为主导。从反馈的形式来看，有显性反馈（Explicit Feedback）和隐性反馈（Implicit Feedback），前者是直接指出学生作文中存在的问题，后者则是通过非显性的手段引导学生发现问题。从反馈的表现形式来看，有书面反馈（Written Feedback）和口头反馈（Oral Feedback）。从反馈的对象来说，有班级反馈（Classroom Feedback）和个体反馈（Individual Feedback）。这些反馈方式在写作教学中交错使用，对学生的写作起到了重要的作用。从反馈的焦点来看，有些反馈侧重于错误，特别是语法错误；有些反馈则既关注内容又关注语言和结构。

从反馈的主体来看，作文反馈包括教师反馈和同伴反馈。教师反馈是传统且主流的作文反馈方式。在这种方式中，教师作为专业权威，从评判者的角度对学生的作文进行专业评价并指出问题。通常情况下，教师会先对学生的作文做出总体评价，然后对作文中存在的典型问题进行分析，并提出改进建议。教师反馈的优势在于其专业性和权威性，有助于学生改进作文和提高写作技能。同伴反馈则是对教师反馈的补充。教师通常会安排学生互相评价对方的作文并提供反馈意见，常见的做法是学生两人一组进行相互评价。相比而言，同伴反馈在专业性和权威性方面较弱，但由于同伴之间相互了解，表达方式具有共性，因此反馈内容更容易被对方理解和接受。尽管如此，同伴反馈无法替代教师反馈的专业性和权威性，难以成为主导性的反馈方式。

从反馈的形式来看，作文反馈可分为显性反馈和隐性反馈。显性反馈也被称为纠正性反馈（Corrective Feedback），指教师直接指出学生作文中存在的问题。这种反馈方式的实施主体主要是教师，因此也被称为教师的纠正性反馈。显性反馈方式简单、明了、清晰，有助于学生清楚地认识到自己作文中的问题,更好地进行修改。隐性反馈则指教师不直接指出学生作文中的问题,而是采用意义协商、启发指导、正确示范等非显性的反馈方式,引导学生认识到作文中的问题,从而更好地进行修改。在教学实践中,写作范文常被用作文的隐性反馈工具。主要做法是教师让学生将自己的作文与写作范文进行对照比较,发现作文中的问题,并借鉴范文来修改自己的作文。

从反馈的形式来看,作文反馈可分为书面反馈和口头反馈。书面反馈主要应用于学生个体作文的反馈层面。书面反馈语主要体现为评语,评语既包括作文的优点,也包括作文的缺点,特别是语言错误。教师通常会用红色笔标记出学生作文中的语言错误,有些教师还会对学生的作文进行打分。在教学实践中,有些教师的书面反馈较为全面,有些则较为简略,但大多关注语言错误。口头反馈主要用于全班反馈和个体反馈,教师通常用口头方式评价学生的作文,特别是指出学生作文中的问题。在大多数情况下,书面反馈先于口头反馈。教师对学生的作文先进行书面评语反馈,然后在全班进行口头反馈,口头反馈的重点是共性问题。

从反馈的对象群体来说,作文反馈既有群体反馈,如全班性反馈、小范围反馈,又有个体反馈。全班性的反馈方式主要是口头反馈,教师通常将全班学生作文中存在的共性和典型问题进行统一反馈。这种反馈方式的优点是覆盖面广,特别是对于学生规模较大的班级来说,集中反馈有助于提高反馈效率。小范围反馈指的是教师针对某一群体的共性问题,召集部分学生进行集中反馈。这种反馈的优点是能够聚焦某一群体存在的普遍问题,有针对性地分析和解决问题。个体反馈是教师针对个别学生的特殊情况,对某个学生作文中存在的问题进行面对面的反馈。这三种反馈方式各有特点,在教学实践中通常是交叉使用的。

从反馈的焦点来看,大多数作文反馈关注的是语言层面,特别是语言错误。无论是教师反馈还是学生反馈,无论是显性反馈还是隐性反馈,都较为关注作文中的语言错误,尤其是词汇和语法错误,如词汇使用、句子结构等。错误反馈的主体主要是教师,也有学生作为反馈主体的情况。随着作文教学的发展,作文反馈不再仅关注语言错误,而是开始关注作文的内容和语篇结构,如作文的内容是否符合写作要求、语篇结构安排是否合理等。作文反馈的内容逐步从传统的错误反馈向多元化内容的反馈转变,如内容的真实性与切题性、语言表达形式的准确性与规范性等,而不是仅仅聚焦于语言错误,特别是语法错误。

总体来说,作文的反馈方式多种多样,侧重点和功能各不相同。教师反馈具有更强的权威性和专业性,而同伴反馈更易被学生理解和接受;显性反馈虽直接针对学生作文中存在的问题,但难以调动学生的思维主动性;错误反馈聚焦于学生作文中的错误,但关注点过于狭窄,不利于对学生作文整体质量的评价;群体性反馈覆盖面广、影响力大,但只能聚焦一些共性问题,无法解决个体学生的特殊问题;书面反馈清晰明了,但耗费的时间和精力较多,作用有限。可见,每一种反馈方式都在特定的层面上发挥作用。也就是说,仅仅依靠某一种反馈方式很难解决学生作文反馈的全部问题。

第二节　作文反馈对思维品质发展的影响

作文的反馈方式多种多样,侧重点各有不同,不同的反馈方式对学生思维发展的影响也各异。有些反馈方式直接明了,有助于培养学生思维的逻辑性,但可能不利于激发学生思维的主动性和创造性;而有些反馈方式虽能激发学生思维的主动性,但由于反馈的内容和方式较为单一,可能不利于学生的深度思考。

就教师反馈和同伴反馈而言,前者以教师为中心,重视教师的讲解;后者以学生为中心,注重同伴的建议。教师反馈通常较为专业和权威,有助于学生深入理解自己作文中的问题。同伴反馈虽不如教师专业和权威,但更易被学生理解和接受。但并非所有的同伴反馈都容易理解,也并非所有的教师反馈都能被学生接受。在同伴反馈能够被理解和接受的前提下,其对学生思维发展的促进作用主要取决于内容的深度,但这种深度与教师的反馈不可同日而语。

从显性反馈和隐性反馈的角度来看,前者是教师直接指出学生作文中存在的问题,后者是教师采用其他非显性的手段指出学生作文中的问题,从而实现反馈的目的。显性反馈清晰明了,有助于学生直观地理解自己作文中存在的问题。隐性反馈虽没有显性反馈直观,但它有助于激发学生的思维主动性,使学生在比较、对照、探究的过程中意识到自己作文中的问题。以写作范文反馈为例,学生通过将自己的作文与教师提供的写作范文进行比较和对照,可以更深入地思考,提高思维的逻辑性和深刻性。但相对而言,显性反馈以教师为主体,尤其是以教师的讲解为主,学生的思维主动性和创造性受到一定限制;而隐性反馈以教师的启发和示范为主,更有利于激发学生的思维活力,为学生的思维发展创造更为广阔的空间。

　　从错误反馈和非错误反馈来看,前者更加关注作文中的错误,而后者则不然。错误反馈直接针对学生作文中的错误,指向具体、清晰,有助于学生认识到自己作文中的缺陷和不足,从而提高思维的逻辑性和深刻性。非错误反馈不仅针对学生作文中的错误,还涉及作文内容、结构、语言等多个维度,范围更为广泛,更有助于学生从整体上认识到自己作文的优点与缺点,进行系统思考,进而提高思维的深刻性与批判性。从有利于思维品质发展的视角来看,非错误反馈涵盖的范围更广,思维材料更多,思维活动更有助于发展学生的思维品质;而错误反馈由于关注的面较为局限,不利于学生进行深入的、系统性的思考,对学生思维品质的促进作用有限。

　　从书面反馈和口头反馈来看,前者主要体现为教师的书面语言反馈,后者则主要体现为教师的口头语言反馈。书面反馈具有一次性特征。教师的反馈语一旦形成并传达给学生,就无法修改,学生只能通过教师的书面反馈了解自己作文的评价。这要求教师的反馈语言必须准确、全面、清晰,以便帮助学生明确认识自己作文中存在的问题。学生理解教师评语的过程实际上是与教师进行思维对话的过程。相比而言,教师的口头反馈较为随性。口头反馈通常是与学生面对面的互动过程,对语言的严谨性要求相对较低,教师可与学生现场对话以增进理解。因此,口头反馈更有助于学生理解教师的反馈内容。从思维发展的视角来看,书面反馈更有助于提高学生思维的逻辑性,而口头反馈则更有助于提高学生思维的深刻性。

　　从群体反馈和个体反馈来看,前者是针对学生群体,如全班学生或部分学生群体进行反馈;后者则是针对单个学生进行反馈。全班反馈覆盖面广、范围大,有助于提高反馈效率。然而,它无法聚焦于个性化问题,只能关注一些共性问题,难以顾及所有学生,对学生思维品质的发展作用有限。小群体反馈虽不针对个体学生,但面向具有共性特征的一部分学生,反馈的针对性更强,更有利于解决问题。个体反馈专门针对特定学生,有助于学生深入理解反馈内容,有利于学生思维品质的发展。群体反馈和个体反馈通常通过口头进行,更有助于师生之间的现场思维交流。

总体来说,作文反馈对学生思维品质的发展具有重要的促进作用。由于反馈主体的不同,反馈的内容和侧重点也会有所差异,对学生思维品质发展的影响也不同。从教学实践来看,教师反馈始终占主导地位。教师反馈既可以是书面的,也可以是口头的;既可以是显性的,也可以是隐性的;既可以是群体性的,也可以是个体性的;既可以是针对错误的反馈,也可以是全面的反馈。同伴反馈在内容和形式上与教师反馈存在差异,对学生思维品质的促进作用相对有限。

第三节　作文反馈存在的问题分析

作文反馈对学生的思维发展具有重要的促进作用。然而,在写作教学中,作文反馈存在诸多问题,比如反馈主体单一、反馈内容局限、反馈形式单调、反馈语言过于宏观,以及过度使用群体反馈等。这些问题不利于学生思维品质的发展。

一、反馈主体单一

反馈主体单一主要指作文反馈以教师为主导,同伴反馈过少。从反馈的权威性和专业性来看,教师反馈无疑是最佳选择。教师反馈有助于学生清晰地了解自己作文的优缺点,有助于学生学习写作知识、提高写作技能。但从长远来看,单一的教师反馈也会局限学生的思维。因为教师反馈始终以教师的判断标准为依据,而学生的作文可能存在其他需要反馈的问题。因此,教师反馈并不总是涵盖所有学生需要或渴望了解的内容。此外,教师反馈通常关注学生作文中存在的问题,较少从学生写作的心理、决策过程进行反馈,也较少使用"儿童语言"进行反馈,即从学生的视角出发,使用学生的语言进行作文反馈。可见,尽管教师反馈具有诸多优势,但长期单一地依赖教师反馈方式不利于学生思维品质的发展。

二、反馈内容局限

反馈内容局限主要指反馈重点关注作文的语言错误，忽略了其他要素如内容和结构的反馈。在教学实践中，大多数作文反馈集中在学生作文中的语言错误，尤其是词汇和语法错误。有些教师甚至根据作文中的语言错误数量来评定学生作文。在错误反馈中，教师主要关注语法错误，同时兼顾词汇的使用错误。前者主要关注句子结构、主谓一致、逻辑连接词的使用是否正确等；后者则主要关注单词的形式和拼写是否有误。教师通常的做法是先用红笔将学生作文中的词汇和语法错误逐一标记，然后反馈给学生。标记越多，说明学生作文中的错误越多；标记越少，说明错误越少。从判断学生作文质量的角度来看，语言使用的确是评估作文质量的主要指标之一，但作文质量并不仅仅体现在语言使用层面，作文质量的低劣也不应仅仅通过语言错误来判断。因此，仅关注语言错误的反馈不仅不能全面反映学生作文的质量，还可能误导学生，使他们误以为减少语言错误就能提高作文质量。这种反馈方式也会限制学生的思维，不利于他们从不同的视角思考和解决问题。

三、反馈形式单一

反馈形式单一主要指作文反馈以显性反馈为主，而隐性反馈使用较少。在教学实践中，许多教师习惯于使用显性反馈，通常通过书面或口头方式直接指出学生作文中的问题。这种反馈方式的优点是简单直接，但缺点是忽略了学生的思维主动性，不利于学生的自主思考。显性反馈以教师的"明示"为特点，学生只是被动地接受，不利于激发学生的思维。有些教师虽然也尝试使用隐性反馈，如采用启发式方法引导学生思考并逐步发现作文中的问题，但这种方式的使用仍然较少，尚未成为作文反馈的常态，不利于学生思维品质的发展。

四、反馈语言过于宏观

反馈语言过于宏观指的是教师的反馈语言不够具体和聚焦，不利于学生理解和内化反馈意见，也不利于学生修改作文。这些问题不仅出现在书面反馈中,也出现在口头反馈中。在书面反馈中,教师撰写的评语过于概括,不够具体,缺乏针对性。例如,有的教师的评语是:"作文内容不完整、结构不清晰、语言错误过多。"这些评语看似涵盖了作文的内容、结构、语言三个方面,但没有对这些方面进行说明,学生只知道自己的作文有许多问题,却不知道问题具体在哪里,也不知道如何改进。在口头反馈中,有些教师也使用类似的表述,但没有提供具体、翔实的例子,使学生难以理解教师的反馈。这种宏观性的反馈方式虽有一定的指向性,但由于指向过于宏观,缺乏典型例子作为支撑,不利于学生准确理解教师的反馈内容,也不利于学生反思自己作文中的问题。

五、过度使用群体反馈

过度使用群体反馈指的是教师在反馈作文时通常以群体性反馈为主,比如全班性反馈,而忽略了对学生个体作文的反馈。教师通常的做法是在批改完学生的作文后,将学生作文中存在的共性问题在全班范围内进行一次性统一反馈,目的是让全体学生快速认识到自己作文中的问题。在教学实践中,尽管有些教师会总结学生作文的优点,但大多数的作文反馈仍以问题反馈为主。这种反馈方式的优点是覆盖面广、节省时间和精力,特别是对于规模较大的班级,然而,这种反馈方式难以全面顾及每个学生的作文情况。无论教师如何高度概括和提炼,反馈的内容仅能关注到共性问题,而难以兼顾个性问题。此外,这种集中性的统一反馈看似涉及面广,涵盖不同类别的学生,但实际上反馈的问题主要是一些低质量作文中存在的问题,很难关注到优质作文或中等质量作文。因此,尽管反馈涉及的群体范围广泛,但实际受益者却是较为局限。进一步来说,这种反馈实际上仅对部分学生有用,而不是对所有学生有用,因此,这种反馈方式不利于学生思维品质的发展。

总体来说,作文反馈主要存在反馈主体单一、内容局限、形式单一、语言过于宏观、过度使用群体反馈等问题。这些问题有些不利于激发学生思维的主动性,有些不利于学生的深度思考,还有些不利于学生从不同视角创造性地思考和解决问题,在不同程度上影响了学生思维品质的发展,特别是思维的逻辑性、深刻性、创造性和批判性。

第四节 促进思维品质发展的作文反馈方式

作文反馈方式虽然形式多样,但如果使用不当,则可能在一定程度上影响学生思维品质的发展。教师可从以下几个方面来优化作文的反馈方式:反馈主体多元、反馈内容全面、反馈形式多样、反馈评语具体以及反馈对象灵活。通过这些措施,为学生思维品质的发展创造更为有利的条件,从而不断提高学生的思维品质。

一、反馈主体多元

反馈主体多元是指在教师反馈之外,还要重视同伴反馈的使用,丰富反馈的主体。教师反馈虽具有权威性和专业性,但也存在诸多缺陷,如视角局限、忽略学生的实际需求等。而同伴反馈虽不如教师反馈专业和权威,但同伴之间相互了解,语言具有共性,更易被理解和接受。可见,同伴反馈有助于弥补教师反馈的缺陷,丰富作文反馈内容。更重要的是,同伴反馈的关注点与教师反馈的关注点不同,可能涉及教师反馈所忽略或难以关注到的内容,更加贴合学生的实际需求。例如,在同伴反馈中,学生可能会发现教师未能发现的问题,或学生更加关注的问题。因此,应将教师反馈与同伴反馈相结合,以丰富反馈的主体和渠道,拓展学生的思维,提高学生的思维品质。

二、反馈内容全面

反馈内容全面是指作文反馈不应仅仅关注语言错误,还应关注作文的内容、语言和结构等各个层面,提高思维深度。语言错误虽是影响作文质量的关键因素之一,但它并不是唯一的决定性因素。作文是意义与形式的统一体,没有真实和切题的内容,即使语言再优美也毫无意义。因此,内容与形式的统一才是高质量作文的关键。此外,作文的语言反馈不仅限于指出语言错误,还要评估语言使用是否恰当和得体。例如,当作文中使用了许多从句和复杂句型时,不应仅关注从句的数量和句子的复杂程度,还应考虑从句的使用是否恰当,句子的复杂性是否符合意义的表达。一篇好的作文除了在内容和语言上达标,还需要结构安排得当。作文结构反馈要更多关注段落之间和段落内部是否存在语义混淆或重复，关系结构是否契合作文的主题与语境，是否恰当地表达了作文的意义而不应简单关注段落设置或能否分段。只有从内容、语言、结构等多个层面进行反馈，才能提高作文反馈的全面性和科学性，为学生思维品质的发展创造更有利的条件。

三、反馈形式多样

反馈形式多样是指作文反馈不能仅仅依赖显性反馈方式，还应包括隐性反馈方式，以激发学生的思维主动性。显性反馈主要是纠错性反馈，其主体通常是教师。此类反馈的优点在于能够直接指出学生作文中存在的问题，使学生清晰、直接地理解作文的不足。然而，在这种反馈方式中，教师扮演着"法官"或"裁判"的角色，而学生仅是被动的接受者，师生之间缺乏意义上的交流与沟通。与显性反馈不同，隐性反馈不直接指出学生作文中的问题，也不对学生的作文做出直接评价。教师主要通过其他途径启发学生自主发现问题、分析问题、解决问题。这种反馈方式的优点在于能够激发学生的思维主动性和探究性，促进学生自主解决问题。例如，使用范文进行反馈，学生在比较自己的作文与范文时，能够认识到自己作文的优点和不足，从而提高写作技能，发展思维品质。

四、反馈评语具体

反馈评语具体是指教师的评语应具有明确的指向性，而不能仅停留在宏观的概念层面，如内容、语言、结构等。作文评语是作文反馈的重要形式，学生通过评语来判断自己作文的质量，并改进自己的作文。过于宏观的作文评语会导致学生在理解上遇到困难，使他们无法从教师的评语中准确把握自己作文的主要问题。因此，提高作文评语具体性的主要方法是增加阐释性语言和具体例证，使学生能够清晰地认识到自己作文的问题。例如，在反馈学生作文的内容时，应增加具体阐述和例证，如"作文第二段关于微信好处的内容偏题，缺乏对朋友内涵的阐述等"。再如，在反馈学生作文的结构时，应增加具体描述和例证，如"作文第一段与第二段之间存在语义重复和重合，第一段阐述的是环境保护存在的问题，第二段阐述的是环境保护的措施，但第二段的一些内容属于环境问题，应该在第一段而不应在第二段"。内容具体的评语更有利于学生理解和深度思考。

五、反馈对象灵活

反馈对象灵活是指作文反馈不能仅依赖群体反馈方式,尤其是全班性的反馈方式,而应更多地采用个体化的反馈方式,以避免"一人生病,全班吃药"的现象,从而拓宽学生的思维广度。全班性反馈的优点在于其覆盖面广,可以节省时间;但这种反馈实际上却只对部分学生有效,尤其是那些作文问题较多的学生。可见,这种反馈方式忽略了大部分学生的需求,特别是中等偏上的学生。因为在全班性反馈中,教师关注的问题主要是一些共性问题、典型问题和基本问题,无法兼顾所有学生的需求。因此,全班性反馈并不能真正解决问题,这就需要个体性反馈的介入,以拓宽反馈的广度、提高思维的空间。

总体来说,作文的反馈方式对学生思维品质的发展至关重要。不同的反馈方式有不同的指向和侧重点,对学生思维品质发展的影响也各不相同。从思维品质发展的视角来看,能够激发学生思维主动性的反馈方式,能够拓展学生思维广度和深度的反馈方式,以及能够帮助学生从不同视角思考问题的反馈方式,都有利于学生思维品质的发展。教师应从反馈的主体、内容、形式、评价语和对象等方面入手,拓宽学生的思维视角,丰富学生的思维活动,拓展学生的思维深度,为学生思维品质的发展创造更有利的条件。

第六章
写作情感与思维品质发展

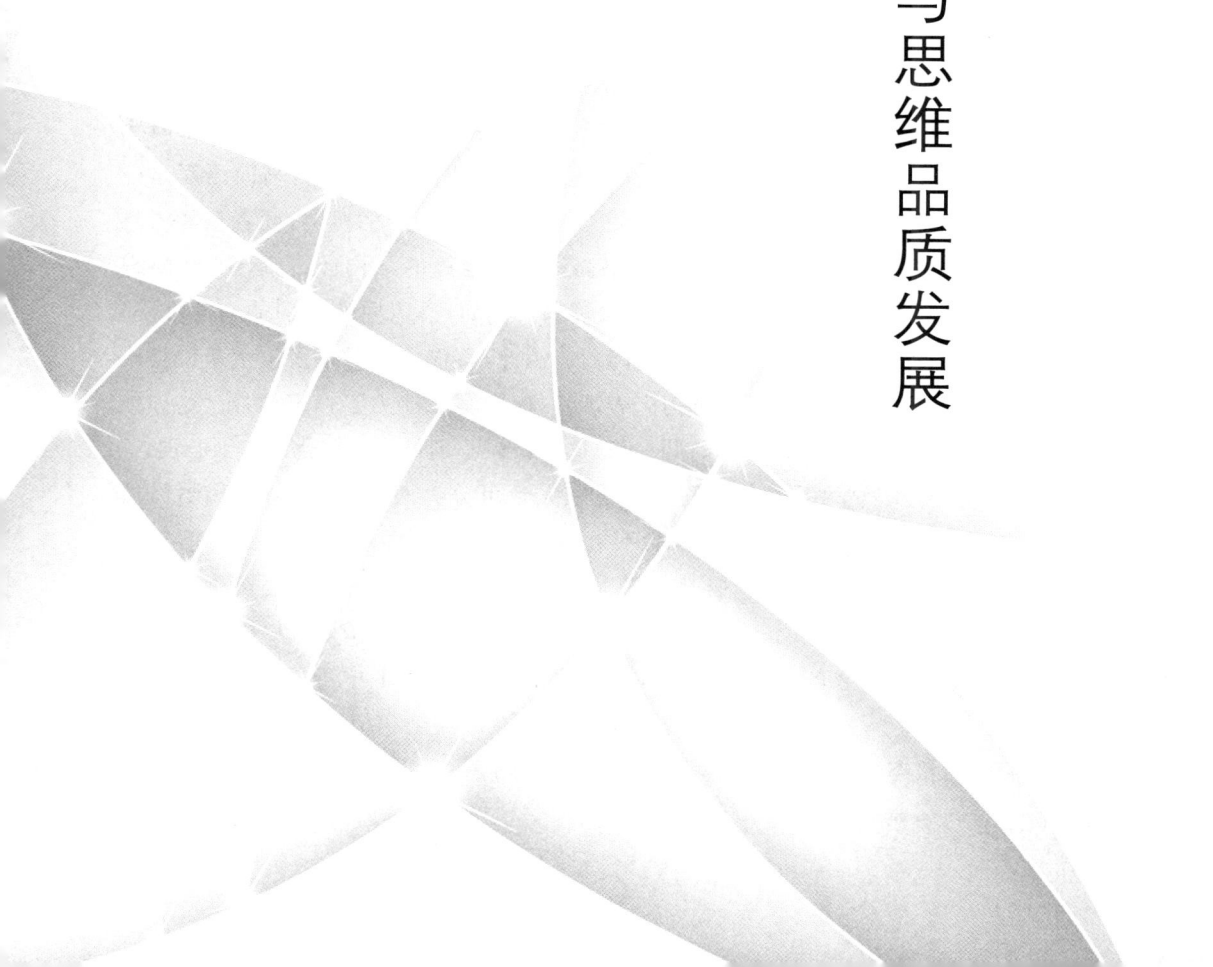

第一节　写作情感

在二语学习中,情感是影响学习效率的重要因素之一。学生对二语学习的情感与对母语学习的情感是不同的。通常来说,学生对母语学习不存在负面情感,这与母语的属性、学习的环境及其交际功能有关。二语是母语之外的另一种语言系统,学生对二语学习的情感不总是积极的,有些甚至是消极的。这种正面或负面的情感与二语本身的功能、价值,以及学生的个体需求等因素有关,很多时候也与学生是否遇到学习障碍相关。一般来说,学生遇到的障碍越少,取得的进步越大,负面情绪就会越少;反之,学生遇到的困难越多,学习效果不佳,负面情绪就会越多。负面情绪积累得越多,就越不利于二语学习。当负面情绪积累到一定程度而得不到解决时,学生可能会产生厌学、弃学等心理。因此,情感对二语学习有着巨大影响。

在二语写作教学中,情感因素的影响尤为突出。与口头语篇相比,书面语篇对语言能力和思维能力的要求更高。口头语篇通常发生在现场交际中,交际双方可通过面对面的互动对语义进行阐释、修改或调整;而书面语篇不属于面对面的交际,一旦交付交流,便无法进行修改或阐释。因此,书面语篇是一次性交际形式,作者在语篇交付后便失去了修改和阐释的机会,读者只能根据语篇所表达的意义来理解。因此,书面语篇对语篇的结构、语言运用、详略得当、字面意思及隐含意义等方面要求较高。例如,语篇中的遣词造句需准确、恰当,否则可能会对意义交流造成障碍。因此,写作能力对很多学生来说是难点。许多学生在听力、阅读能力上表现良好,但写作能力不一定很强。这导致学生对写作产生畏惧心理,时间一长,这种畏惧心理可能会转化为放弃心理。

在写作教学中,学生对写作的情感大致可分为两类:积极情感和消极情感。积极情感主要表现为喜欢、不抗拒和不畏惧。喜欢是最积极的情感表现,持有这种情感的学生通常对语言学习特别感兴趣,或具有语言天赋。他们在写作方面表现出较高的能力,能够体验到写作的愉悦感和成就感。不抗拒是仅次于喜欢的情感状态,这类学生的写作水平中等,对写作既不抗拒,也不过于热爱,属于情感的中间状态。不畏惧是积极情感中最接近消极情感的状态。这类学生在写作过程中遇到了一定的困难,但凭借对语言学习的执着和意志力,没有放弃。

消极情感主要表现为畏惧、抗拒和放弃三种类型。畏惧是指学生对写作产生了恐惧心理,他们害怕写作。这类学生在写作中遇到了困难和障碍,而无法克服,因此,每当有写作任务时,他们都会感到害怕。抗拒是比畏惧更为负面的情感。如果说畏惧主要存在于心理层面,那么抗拒则不仅体现在心理上,还表现在行为上。具有抗拒心理的学生会在行为上表现出明显的消极情绪,如不愿意写作、不完成写作任务、推迟提交教师布置的作文等。放弃是最严重的负面情感,表现为学生在心理和行为上完全放弃了写作。这类学生大多英语基础薄弱、写作能力低下,他们自我感觉无论如何努力也无法提高写作能力,因此完全放弃写作。他们既不关注写作课,也不完成写作作业,对写作自暴自弃、破罐子破摔,是绝望情感的体现。

积极情感和消极情感并不是一成不变的,它们始终处于动态变化之中。积极情感可转化为消极情感,反之亦然。相对而言,积极情感转化为消极情感的现象更为常见且容易;而消极情感转化为积极情感的现象较少见,难度也更大。举例来说,积极情感中的不抗拒、不畏惧在特定条件下,如持续的写作能力低下或写作困难和障碍难以克服时,可能会转化为畏惧和抗拒心理。而要将消极的畏惧、抗拒、放弃心理转化为积极情感,则需要更高的难度和一些关键条件,比如学生写作能力的大幅提升和持续进步。

总的来说,写作情感是写作教学中客观存在的情感体现。不同的情感之间是动态变化的,积极情感可转化为消极情感,反之亦然。消极情感转化为积极情感的关键在于学生能够克服写作障碍和困难,写作能力得到持续、稳定的提升。相反,积极情感转化为消极情感的原因则在于学生在写作中遇到了难以克服的障碍和困难,写作能力持续下降。相对而言,积极情感转化为消极情感的现象较为常见,而消极情感转化为积极情感的现象则较少见,这既与情感转化的规律有关,也与写作能力提升的难度有关。

第二节　写作情感对思维品质发展的影响

写作情感是二语写作教学中客观存在的心理因素。写作情感在很大程度上影响学生写作能力的持续发展,也影响学生思维品质的发展。通常来说，积极的写作情感有利于学生主动分析问题、解决问题，提高思维品质；而消极的写作情感则不利于学生主动和深度思考，会在很大程度上限制学生的思维，不利于学生思维品质的发展。

积极的写作情感有利于激发学生思维的主动性和探究性，提高思维的广度与深度，发展学生的思维品质。积极的写作情感主要表现为学生对写作的正面态度。这种正面的情感态度有助于激发学生思维的主动性和探究性，使学生积极思考。以喜欢的情感状态为例，如果学生喜欢写作，他们就具备了一种积极的思维状态，尤其在面对写作困难和障碍时，学生会积极想办法克服障碍、解决困难，完成写作任务。这种积极主动的过程是各种思维方式和活动不断相互作用的过程，有助于学生深入思考，从不同层面提高思维品质。再以不抗拒、不畏惧的情感状态为例，这种心理状态虽不如喜欢那样积极向上，但至少不是抗拒和畏惧。尽管这种积极状态的程度有限，但它仍然能激发学生主动思考，有助于学生分析和解决问题，提高思维品质。

消极的写作情感不利于激发学生思维的主动性，在很大程度上会局限学生的思维发展。以畏惧为例，这种情感状态虽然是消极情感中较轻微的一种表现，但由于畏惧是负面的、消极的，它产生的心理暗示是心理上的恐惧。因此，学生在写作时始终处于一种不自由和紧张的状态。在这种状态下，学生的思维过程受到了外界干扰，因此思维的专注度和深刻度不够，不利于思维品质的发展。再以抗拒为例，这种情感状态比畏惧更消极。在这种情感状态下，学生在心理上排斥写作，并且在行为上也表现出排斥。很多时候，学生甚至不完成作文任务，不体验写作的过程，因此，难以通过写作提高思维品质。放弃的情感状态更为消极，在这种情感下，学生在心理和行为上完全放弃了写作，更难以谈及写作对思维的促进作用。

总体来说，写作情感对学生思维品质发展的影响巨大。不同的情感对学生思维器官功能的激活程度不同，对思维主动性和深刻性的影响也各不相同。积极的写作情感有助于激发学生的思维主动性，有利于学生深入分析和解决问题，并在不同思维活动相互交错的过程中发展思维品质。而消极的写作情感则不利于发挥学生思维的主动性和深刻性，阻碍学生进行主动、积极和深度思考，不利于学生思维品质的发展，特别是思维的深刻性和创造性。

第三节　写作情感存在的主要问题分析

学生在写作中经常面临的问题是消极情感过多,主要表现为对写作的畏惧、抗拒和放弃心理。这些情感状态影响着学生的写作过程和结果,不利于学生主动和深入思考,不利于思维品质的提升。

一、写作的畏惧心理

相当一部分学生对写作存在畏惧心理,害怕写作。这种情感主要表现为学生对写作课和写作任务的本能畏惧:害怕上写作课、害怕回答问题、害怕写作、害怕提交作文。这种情感主要体现在心理层面,还没有影响到行动层面。也就是说,学生在心理上表现出许多恐惧写作的迹象,但由于责任感等因素,他们仍然进行了写作,完成了作文。这种畏惧主要是由于学生对自己写作能力的不自信所导致的。具有这种情感的学生在心理上并不排斥写作,也希望在写作上取得进步,只是由于对自己能力不自信而产生了一定的自卑心理,并逐渐转化为畏惧心理,既敬畏又害怕。

畏惧心理的产生主要基于两个方面的原因。一是学生本身的写作基础和能力一般,没有达到自己期望或理想的水平,产生了心理落差,因而产生了畏惧心理。这类学生积极向上,渴望进步,对自己有要求,但因为没有达到自己的标准而对自身能力产生怀疑,自信心不足,最终产生畏惧心理。二是学生本身的写作基础较为薄弱,写作能力较弱,在写作课上感到吃力,存在诸多写作困难和障碍,经常无法完成写作任务,从而自信心不足。有些学生是因为长期被老师批评而对自己的能力产生怀疑,有些是因为写作能力始终难以提高,最终演变为畏惧写作。可见,产生畏惧心理的学生对写作的态度是积极的,其消极情感转化为积极情感的难度相对较低。

二、写作的抗拒心理

相较于畏惧心理,抗拒心理的负面程度更大。畏惧只是在心理上对写作感到害怕,但还没有表现为行为上的负面反应,比如不完成写作任务或不提交写作作业。而抗拒心理不仅体现在心理上,还体现在行为上。这类学生在心理上对写作没有敬畏之心，而是感到厌恶和反感，也就是说，他们在心理上已对写作产生抵触和排斥，不愿意进行写作。在行为上，这类学生表现出显著的排斥行为，比如故意不完成写作任务或不提交写作作业。对于教师布置的课堂写作任务或课后写作作业，他们能拖就拖，能不交就不交。无论在心理上还是在行为上，这类学生都不会积极主动地练习写作和提高写作能力。因此，抗拒心理相较于畏惧心理转化的难度也更大。

学生对写作产生抗拒心理的原因有很多，其中最关键的是他们的写作基础和能力较为薄弱。在写作中遇到困难时，问题未能得到妥善解决，导致学生对自己的写作产生怀疑和否定。尽管由于外在因素的制约或影响，他们尚未完全放弃，但在心理和行为上已表现出明显的抵触和排斥倾向。如果这种情感不能及时得到纠正，最终可能转化为放弃的情感。这类学生对写作仍抱有期望，并希望有所进步，但由于无法解决自身的问题，而陷入一种无可奈何的负面情感状态。

三、写作的放弃心理

相比于畏惧和抗拒心理，放弃心理是最严重的消极情感状态。这种情感表现为心理和行为上的完全放弃。从心理层面来看，这种放弃类似于"万念俱灰"，对写作完全失去希望，没有任何留恋和不舍。从行为层面来看，学生会拒绝一切与写作有关的活动，比如不参加写作课、不完成写作训练或写作作业。在许多情况下，即便学生身处写作课堂，他们也会不参与课堂活动或写作练习。对写作产生放弃心理的学生通常是英语基础特别薄弱的学生。这类学生不仅在写作能力上特别薄弱，其他语言技能也同样薄弱。

导致放弃心理的因素较为复杂，但关键的原因还是学生的写作基础过于薄弱，难以从根本上得到提升和发展。也就是说，学生在语言学习的基础层面存在较大的缺口，而且已经错过了最佳的发展和提升时机，缺口越来越大，无论如何努力都感觉无法提升，只能选择放弃。这种放弃是迫不得已的，是对客观现实的综合考量结果。从本质上看，这类学生在学习的各个阶段都存在学习上的不足和缺陷，最终导致无法弥补。比如，一些高中学生放弃写作的原因与他们在初中和小学阶段的学习效果密切相关。因为写作能力是一种综合能力，不仅需要大量的词汇和语法知识，还需要语篇知识、语用知识等。写作能力不是通过短期的突击就能提升的，它需要不断的积累和练习。如果这个过程长期缺失,那么学生无论如何短期努力都难以弥补,此时放弃就成为既无奈又必然的选择。

总的来说,学生在写作情感方面存在的主要问题是畏惧、抗拒和放弃三种情感状态。持有畏惧情感的学生对写作怀有敬畏和期望,但由于自身能力未达到期望或能力较弱,导致对写作产生了惧怕和恐惧心理。这些学生尽管在心理上惧怕写作,但在行为上仍然完成了写作任务。持有抗拒情感的学生不仅在心理上排斥写作,也在行为上抗拒写作。处于放弃心理的学生表现出更为严重的负面情感,他们在心理和行为上完全放弃了写作。学生在写作情感方面存在的问题不仅不利于写作能力的提高,也不利于思维品质的发展。

第四节 促进思维品质发展的写作情感调控

写作情感既有积极的,也有消极的,不同的写作情感处于动态转化中。从促进思维品质发展的角度来看,教师应努力避免持有积极情感的学生转化为消极情感,同时也要促使持有消极情感的学生转化为积极情感,为学生思维品质的发展创造有利条件。

一、避免积极情感转化为消极情感

在教学实践中,教师首先要确保大多数学生对写作保持积极的情感。从现实情况来看,让所有学生都喜欢写作是不可能的。但教师至少应让学生对写作不感到恐惧或抵触,帮助他们树立积极的情感和态度。学生对某一事物产生兴趣主要是因为学会了。如果长期无法掌握,学生就会逐渐失去兴趣。写作也是如此。教师的关键任务是教会学生写作,帮助他们在写作中体验学习、进步和成功的价值。只有学生在写作中取得进步和提高时,他们对写作的积极情感才能持续并增强。除了从结果的角度进行指导外,教师还需提升写作课堂的趣味性和吸引力。例如,在学生的写作能力尚未达到一定水平时,教师应通过课堂教学的精心策划和趣味性来吸引学生。不要在结果尚未显现前,由于过程的不理想而让学生过早地产生消极情感,失去对写作的兴趣。

在教学实践中,教师应尽力为学生创造喜欢写作的条件,至少要让学生形成不畏惧、不抗拒的情感态度。这就要求教师在写作主题的选择、课堂教学方式以及作文评价等方面做好规划和设计,使学生在写作课中体会到进步带来的愉悦。从提升学生写作兴趣的角度来看,教师应选择与学生生活密切相关的主题,使所有学生都有话可写,避免因主题与学生生活实际相距过远而导致学生无话可说的情况。此外,课堂教学应多采用互动方式,不要一味采用灌输式的方法。在很多情况下,学生参与课堂写作知识的建构过程,更有助于提高写作兴趣。在作文评价方面,教师应改变仅聚焦于语言错误的单一反馈方式,灵活使用教师反馈与同伴反馈,关注作文的内容、语言和结构等方面,引导学生积极参与教学过程,提升思维的主动性。

需注意的是,写作能力的提升是一个长期积累和实践的过程。教师应明确告知学生,写作能力的提升既需要语言知识的积累,也需要世界知识的积累;既需要语篇知识的学习,也需要语用知识的学习。写作能力的提高还需要持续性、系统性和长期性的写作训练,既不能操之过急,也不能急于求成。教师应系统地安排写作课程,依据写作能力提升的规律安排写作教学进程。在安排和设计写作课时,应认真分析学生的语言水平,避免在学生尚不具备写作条件时贸然或盲目地开展写作训练。教师还应确保学生在每一节写作训练课中经历成功的写作过程,使其获得成就感和愉悦感。安排得当、精心设计的写作课更有助于学生思维品质的发展。

二、将消极情感转化为积极情感

从理论上讲,积极情感与消极情感可以相互转化。但从实际情况来看,由积极情感转化为消极情感相对容易,而由消极情感转化为积极情感则较为困难。因为前者所需的条件相对简单,而后者所需的条件更为复杂。因此,教师在转化消极情感方面需付出更多的努力。由于消极情感涉及畏惧、抗拒、放弃三个不同层面,教师应针对每种消极情感的产生原因思考解决问题的方法与途径,为学生的情感转化创造最佳条件。相对而言,畏惧和抗拒情感转化为积极情感的难度较小,可能性更大;而放弃情感转化为积极情感的难度较大,可能性较小,但并非不可能。

在教学实践中,教师要特别关注那些对写作持有畏惧和抗拒情感的学生的转变工作。这两类学生在心理和行为上尚未完全放弃写作,尤其是那些持有畏惧情绪的学生。尽管他们对写作感到害怕,但仍对写作抱有期望,并一直在努力提升自己的写作能力。只是由于遇到了一些难以克服的困难和障碍,因而产生了畏惧心理。对于这些学生,教师的任务是帮助他们克服这些困难和障碍,提高他们的写作能力,从而自然地消除他们的畏惧心理。对于那些对写作持有抗拒情感的学生来说,尽管他们在心理和行为上表现出抵触和排斥,但仍对写作抱有期望,尚未完全放弃写作。对于这类学生,教师不仅要在心理上鼓励他们,还要在实际行动上给予支持,尤其是帮助他们解决写作中遇到的问题和障碍,提高他们的写作能力,从而消除其消极情感状态。而对于那些对写作持有放弃情感的学生,教师需要投入更多的精力和耐心。

需强调的是,将消极情感转化为积极情感是一个复杂且长期的过程,不可能一蹴而就。因为消极情感的形成是多种复杂因素综合作用的结果,而非单一因素所致。因此,教师应首先分析和研究这些消极情感的成因,然后采取相应的对策。无论采用何种方案或方法,其最终目的是帮助学生克服写作上的困难和障碍,提高写作能力,并重建自信。只有当学生解决了这些困难和问题并提高了写作能力,消极情感才会迎刃而解。教师还需做好心理准备。在某些情况下,尽管教师进行了大量的转化工作,效果可能微乎其微,甚至在较长时间内都看不到明显的变化和效果。

总体来说,在写作教学中,教师应采取各种措施调整学生的写作情感,使其处于积极主动的状态,为学生思维品质的发展创造更有利的条件。一方面,教师要引导学生保持积极的写作情感,使他们喜欢写作,至少不畏惧或抗拒写作;另一方面,教师要努力转化学生的消极情感,特别是帮助那些对写作感到畏惧和抗拒的学生,让他们不再惧怕或抵触英语写作,甚至喜欢上英语写作。此外,教师还应采取积极措施转化那些持有放弃态度的学生。学生对英语写作的积极情感越高,越有利于其思维品质的发展。

第七章

写作测评与思维品质发展

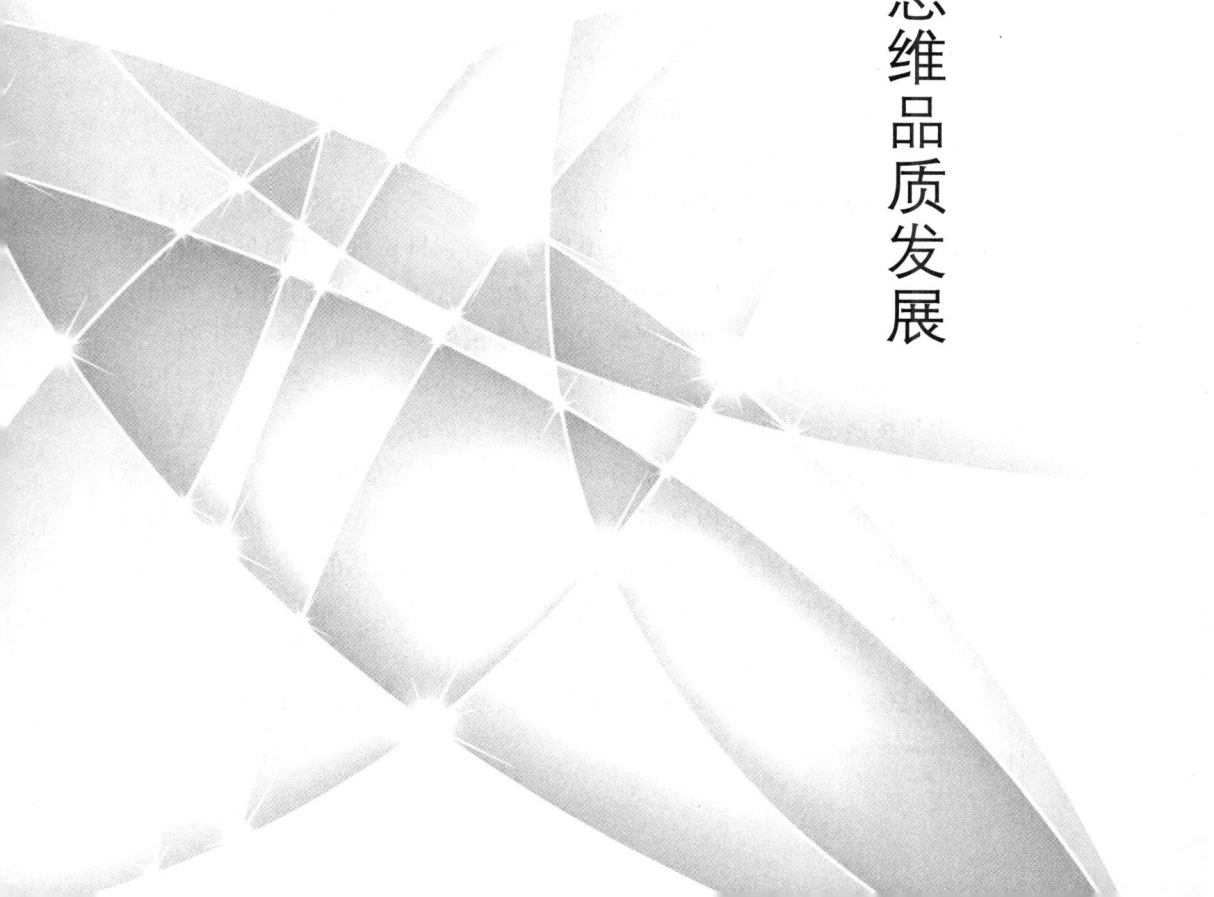

第一节 写作测评

写作测评是语言测试的重要组成部分,主要目的是评估学习者的语篇生产能力。与听、读技能不同,写作能力属于表达性技能,对学习者的语言知识、世界知识和思维能力等要求较高。因此,与其他语言技能相比,写作能力的难度最高,并且对其他技能的依赖性较强。换言之,写作能力的提升需以听、说、读等能力为基础。在语言测试中,无论是母语测试还是第二语言测试,写作能力始终是不可或缺的部分。以英语测试为例,写作能力测试既是国际语言测试项目如雅思、托福考试的重要组成部分,也是国内高利害考试如高考、中考等的重要组成部分。

从测试构念来看,写作测试主要关注学生在真实情境中使用目标语言解决实际问题的能力。写作测试不仅考查写作知识与技能,还评估学生使用目标语言解决实际问题的能力。由于写作测试不同于完全真实的写作交际(如发送邮件、邮寄书信等),因此,写作测试中的真实情境主要是为考试创设的模拟情境。这种情境与真实世界的社会性情境相似,能够为学生分析问题和解决问题提供主题语境。这种情境主要包括作者的身份、读者对象及用英语交际的目的。测试的情境是为测试的构念服务的。

从测试形式来看,写作能力的评估有多种形式,如语篇概括、语篇生产和语篇续编等。语篇概括要求学生用自己的语言概述给定语篇的主题和内容,该种测试形式不仅考查学生的书面表达能力,还考查他们的阅读和归纳能力。语篇生产主要指学生根据给定的写作主题、要求和要点,写出符合要求的作文,该种测试形式属于控制性写作,题干和内容限制了大部分写作要点,学生须按照给定的主题和要点写作,自由发挥的空间较小。语篇续编要求学生根据给定文章的主题和部分内容续写,形成完整的结尾,在这种测试中,给定文章的内容和结构是不完整的,学生不仅要理解文章的主题和内容,还要根据给定的信息发挥想象力和创造力,形成完整的意义和结构。这种测试形式对学生的综合能力,如理解能力、思维能力和写作能力,要求较高。

从测试效果和反拨效应来看,有些测试形式能够较好地评估学生的写作能力,并对教学产生正向反拨作用。以语篇续写为例,这种测试形式不仅能够评估学生的真实写作能力,还能测试学生的阅读能力和思维能力,如分析、概括、推理等。这种题型的指向是综合性的,直接指向核心素养,命题构念是积极且明确的。然而,有些测试形式既难以有效评估学生的真实写作能力,也难以对写作教学产生正向反拨作用。以语篇转述为例,这种测试形式虽能评估学生使用目标语言表达思想和意义的能力,但是语篇转述的难度相对较低,难以真正评估学生在真实语境中独立分析和解决问题的能力。

总体来说,写作测试是语言测试的重要组成部分。写作测试考查的是学生的综合能力,包括思维能力而不仅仅是写作能力。测试构念不同,测试的方式也不同。写作测试的方式不同,其效果和反拨效应也不同。好的测试构念是科学测试方式的基础;科学的测试方式是实现测试目的与宗旨、发挥测试正向反拨作用的关键。

第二节　写作测评方式对思维品质发展的影响

写作测评的方式不同,对学生思维品质发展的影响也不同。通常来说,情境真实的测评方式更有助于学生分析问题、解决问题,发展思维品质。

情境真实的测评方式有助于学生思维品质的发展。其最大的特点在于交际情境的真实性,这样的情境有助于学生分析和解决问题。这种测评方式最大限度地激发了学生的思维主动性和创造性。在这种情境下,学生被赋予特定的假定身份,写作面向特定的读者,并具有真实的英语交际目的。也就是说,学生以真实的交际身份面对真实的交际对象,怀着真实的交际目的进行写作,而不是盲目地、仅仅为了考试而写作。这种情境为其写作提供了真实的主题语境,为学生发挥想象力和创造力提供了具体的思维场景,有利于学生主动思考和深度思考。

情境不真实的测评方式不利于学生思维品质的发展。这种测评方式缺乏主题语境,写作目的不明确,尤其是英语交际的目的不清晰,学生缺乏写作身份感,作文缺乏特定的读者对象。也就是说,学生不知道为什么写、写给谁、目的是什么。这种测评方式限制了学生的思维,不利于发挥学生的创造性思维，难以评估学生的真实写作能力。从测试对教学的反拨作用来看，这种作文测评方式难以对写作教学产生积极的反拨作用，既不利于学生写作能力的培养，也不利于学生思维品质的发展。

总的来说，情境真实的写作测评方式有助于学生在真实的情境中思考、分析、解决问题，提高思维品质，同时充分发挥测试对写作教学的正向反拨作用，促进学生思维品质的发展。

第三节　写作测评存在的主要问题分析

在语言测试中，写作测评存在测评力度不够、方式较为单一、情境不够真实、作文的控制性过强等主要问题。这些问题既不利于学生真实写作能力的测评，也不利于学生思维品质的评价与发展。

一、测评力度不够

测评力度不够主要指目前的写作测试在学生写作能力评估中所占比例较低，这不利于评价学生的综合语言能力，也不利于学生思维品质的评价与发展。与听、说、读等语言技能相比，写作能力涉及的知识与能力更为广泛，最能全面评价学生的综合语言能力。然而，在当前的语言测试中，写作能力测试的比例相对较低，尤其是与阅读技能测试相比。许多题目实际上是在测试阅读能力，如经典的阅读理解题型、完形填空、短文填空等，这些题型在不同程度上评估学生的阅读理解能力，而写作能力的测试则仅限于专门的写作题型或读写结合的题型。

写作能力测试力度不够与测试的内容构念密切相关。从难度来讲，语言测试应控制写作技能测试的占比和分量，因为对大多数学生来说，写作能力的难度最高，增加写作能力的测试力度意味着增加考试难度。从测评学生核心素养的角度来看，应提高写作的测试力度，因为写作能力的测试不仅仅是测试学生的写作能力，还测试学生的基本语言知识的学习和技能的发展等综合能力，涵盖的维度更广泛。从思维品质发展的视角来看，也应提高写作的测试力度，因为写作能力的测试最能体现学生思维的逻辑性、深刻性、批判性等思维品质发展水平。

二、测评方式较为单一

测评方式较为单一是指作文测评方式不够丰富,无法全面评估学生的写作能力。目前的写作测试方式主要包括语篇概括、语篇写作和读后续写等。语篇概括要求学生在限定字数内,用自己的语言概述一篇给定文章的主要内容。这种测试方式不仅可以评估学生的阅读能力,也可以考查其写作能力。语篇写作则要求学生根据给定的作文任务,围绕写作主题和内容,在规定字数内进行写作。这种写作大多属于控制性写作,写作内容或要点限定了写作范围,学生虽可自由发挥,但空间有限。读后续写要求学生根据给定语篇中的信息,按照语篇的主题和内容进行续写,从而形成完整的语篇。这种写作任务不仅要求学生深刻理解给定语篇的主题和内容,还需完成续编,对学生的世界知识、语言知识、写作技能和思维品质等综合能力要求较高,能够较为全面地评估学生的综合写作能力。

在写作测试中,语篇概括、语篇写作和读后续写等测试方式各具特点,但仍具有局限性。以语篇概括为例,这种评估方式表面上是测评学生的写作能力,但实际上除了写作能力外,还涉及对学生阅读理解能力和概括能力的考查。学生能否用英语准确地概括文章的大意,在很大程度上取决于其能否准确理解和概括语篇的主题与内容。此外,这种评估方式的最大问题是学生可通过借鉴或使用文章中提供的语言框架来完成写作任务,难以准确、全面地测试学生独立的语篇生产能力。再以语篇写作为例,这类作文题大多属于控制性写作。作文情境和题干限定了写作的主题语境,作文要点限制了写作内容,学生只能按照作文的写作要求和写作内容进行写作,自由发挥的余地不大,不利于发挥学生的思维创造性,难以真实地测试学生的写作能力。读后续写尽管具有一定的开放性,但这种开放性也是有限的,学生的创造性局限在文本规定的主题语境内,无法完全自由地创作。写作测评方式的单一性,不仅难以准确评估学生的英语写作能力,也不利于学生思维品质的发展。

三、情境不够真实

情境不够真实主要指作文缺乏真实的写作情境,不利于学生进行真实的写作。写作情境不真实主要表现为忽略了人的因素、环境因素和交际的目的性等因素。从人的因素来看,写作情境不真实是指忽略了作者与读者的身份,比如作者是什么身份、写给谁、读者对象是谁、是什么身份。在现实世界中,每个人都有身份和标识,人与人之间的交流必然涉及身份。环境因素主要指时空因素,即交际的时间、地点等。在环境因素层面,写作情境不真实表现为忽略了时空因素,情境虚假。交际的目的性则指为什么写作、为什么用英文写作。前者关注写作的一般目的,后者关注用英语写作的目的。

情境不真实的写作任务既不利于评价学生的真实写作水平,也不利于评估学生的思维品质。情景不真实的写作任务无法为学生提供分析问题、解决问题的语境与思维支点,难以评估学生的真实写作能力,也难以评估学生的真实思维能力。

四、作文的控制性过强

写作题大多是控制性写作,很少有自由写作,但作文的控制性是有限度的,否则会违背写作的创造性原则。作文的控制性主要体现在写作情境和写作要求上,前者控制主题语境,后者控制写作内容或要点。作文的控制性过强主要指写作内容过于具体、提示过多。例如,有些作文题目罗列了写作的要点提纲,学生不需构思内容,只需按照要点写作即可;有些写作内容直接按意群设计了内容提纲,学生不需构思文章框架,只需按照内容安排段落即可;还有些写作内容不仅罗列了要点提纲,还列举了要点的全部内容,学生只需翻译即可。

控制性过强的写作任务违背了写作的创造性本质,限制了学生的思维,既不利于评估学生的写作能力,也不利于发展学生的思维品质。这类写作任务的最大弊端在于提供了本应由学生自主思考和创作的内容,使写作异化为翻译,极大地削弱了写作的创造性,特别是那些罗列了全部写作要点的写作任务。一些作文虽没有列出全部写作要点,但通过写作要点或内容提纲的方式,将学生需构思的内容列出,为学生提供了具体的作文思路。还有的写作任务虽没有罗列全部写作要点,但在题干部分提出了许多本应由学生构思的内容,干扰了学生的独立思考过程,不利于他们发挥想象力。

总的来说,以上这些问题既不利于评估学生的真实写作能力和思维品质,也不利于发挥测试对教学的积极导向作用,不利于学生写作能力的培养和思维品质的发展。

第四节　促进思维品质发展的写作测评优化策略

在写作测试中,有些测评方式既不利于评价学生的写作能力,也不利于发展学生的思维品质。因此,写作测评应从丰富测评方式、提高测试的开放性、增强测试的综合性等方面进行优化,为学生思维品质的发展创造有利条件,从而不断提升学生的思维品质。

一、丰富测评的方式

丰富测评方式的主要途径是增加新的写作测评题型或对已有的写作测试题型进行优化。在写作题型的创新方面,除了传统的语篇概括、语篇写作、读后续写外,还可创设新的写作题型,如语篇转述、语篇扩写、语篇缩写、语篇比较等。语篇转述要求学生基于给定的语篇,用自己的语言从第三方视角叙述内容。语篇扩写则要求学生在已有的语篇基础上,增加信息,丰富语篇的内容。语篇缩写则要求学生在给定的较长语篇基础上进行内容的缩减。语篇比较则要求学生基于两个给定的语篇,从主题、内容、结构等方面进行对比分析,并形成分析结论。这些新的写作测试题型能够丰富写作测试的方式,避免长期固定使用某些特定的题型。

从写作题型的优化角度来看,可从文体和内容两个方面进行改进。以目前较为常用的语篇写作为例,这种题型大多为命题作文,涉及的文体主要是应用文,如写信、回信、演讲稿、记叙文和夹叙夹议。这些文体较为局限,可进一步创新,例如增加观点辩论和事物阐释类文体,以丰富写作测试的形式。再以目前较为常用的读后续写为例,这类试题给定的语篇主要是记叙文,体裁相对单一,可尝试使用议论文或说明文体裁的语篇。当然,体裁的变化必然会导致难度的增加。对于现有的写作题型,如果难以从题型上进行创新,则可从体裁和内容上进行改进,通过考试引导课堂教学方向,提高学生的思维能力。

二、提高测试的开放性

提高测试的开放性主要是针对目前写作测试控制性过强和过多的提示

信息提出的,旨在减少对写作的限制,为学生创造更多的发挥空间。过强的控制性主要表现为对写作主题和内容的严格规定。例如,写作任务不仅规定了主题,如"与同学处理好关系",还规定了内容提纲,如"和同学处理好关系的好处""和同学处理好关系的方式与方法""你的呼吁"等。提示信息过多则表现为题干提供了过多的参考性或映射性信息,对学生的自主写作产生了干扰。控制性过强的写作题和提示信息过多的写作意见难以有效评价学生的真实写作能力,不利于发挥测试对教学的正向反拨作用,也不利于学生思维能力的发展。

在写作测试中,提高开放性主要是通过减少对写作内容的控制来实现。如前所述,写作题目的控制既体现在主题上,也体现在具体内容上。相对而言,对写作主题的控制是必要的,因为学生的作文不是自由写作,不能任由他们随意发挥,否则难以确定评分标准。此外,限定写作主题并不会影响学生的创作能力。因此,减少写作内容的控制主要体现在减少作文内容提纲的限制。也就是说,写作任务只提供主题语境和写作要求,具体内容由学生自行构思。当然,减少或不提供内容提纲会增加写作难度,但同时为学生的自主思考创造了更广阔的空间。

三、提高测试的综合性

提高测试的综合性主要是指将作文测试与阅读等能力的测试结合在一起,全面评估学生的综合写作能力。一些测试题型,如读后续写,就很好地体现了这一理念。但是相当一部分测试是单独考查学生的写作能力,综合性的写作测试并不常见。此外,有些"读写综合"的题型表面上看似将写作与阅读紧密结合,但实际上二者缺乏必然关联,综合性不强。

在写作测试中,提高测试综合性的主要途径是实现阅读与写作的融合。例如,先给学生提供一篇特定主题和体裁的文章,让学生"概括"文章的主题与内容,然后让学生基于同类主题独立"撰写"一篇短文。这种测试可以真正实现阅读与写作的融合,不仅有利于评价学生的写作能力,还有利于评价学生的阅读能力和思维能力。在这种测试方式中,作文的要求可以根据测试的构念进行调整。例如,语篇概括可改为"语篇转述"或"绘制语篇思维导图",独立撰写可改为"仿写"等替代性形式。阅读与写作的有效融合更有利于测试学生的英语综合能力,更契合写作测试的宗旨和目的,更有利于学生思维品质的发展。

　　总的来说,丰富写作测试的方式、提高测试的开放性、增强测试的综合性,既是优化写作测试方式的重要手段,又是充分发挥测试对教学正向反拨作用的重要途径。这不仅有利于提升学生的写作能力,还有助于学生思维品质的发展。语言测试,尤其是写作测试,应在这方面进行尝试和变革,以真正实现测试对教学的导向作用,推动课程改革进程,实现学生核心素养发展的目标。

第八章

其他因素与思维品质发展

第一节　教师的思维品质与学生的思维品质发展

在语言教学中,教师的思维与学生的思维始终处于同步状态,因此教师的思维品质对学生思维品质的发展具有重要的影响。在写作教学中,教师不仅要参与学生的写作过程,还要对学生的作文进行评价和反馈。在这一过程中,教师的思维品质持续影响着学生的写作过程和思维发展。教师思维品质的水平不同,对学生思维品质发展的影响也存在差异。思维品质水平高的教师思维更加敏捷、深刻、灵活,并具有批判性和创造性;而思维品质水平较低的教师由于自身的思维局限,难以引导学生进行深入思考,也难以拓展学生的思维广度,从而在一定程度上制约了学生思维品质的发展。

就思维的敏捷性而言,思维敏捷性高的教师在与学生互动的过程中,能够更迅速地捕捉到提高学生思维品质的契机,并利用这一契机推进互动的深入。例如,当学生提出具有思维含量的观点时,教师能够快速意识到这一观点的"教育价值",同时提出更具思考性的问题。比如,当学生表达出个性化的观点,如"I don't think exercise can help me be healthier."时,思维敏捷性高的教师会引导学生进行更深入的思考:"In what ways do you think exercise can't help you? What kind of exercise do you think can't keep you healthy?"可见,思维的敏捷性为教师在课堂互动中快速做出反应并推进互动的深入奠定了基础,能够为学生思维品质的发展创造更多机会。思维敏捷性不高的教师则可能捕捉不到课堂中稍纵即逝的思维发展契机,从而错失发展学生思维品质的机会。

就思维的深刻性而言,具有较高思维深刻性的教师能够更有效地推动主题的深入讨论,为学生创造更多深入探讨问题的机会,从不同层面激发学生的思维,提高学生的思维品质。例如,在与学生讨论主题写作任务的过程中,思维深刻性高的教师可能会从"是什么""为什么""怎么做"几个方面引导学生思考、分析和解决问题。再如,在讨论"保持积极的心态"这一主题的写作任务中,教师可能首先引导学生思考什么是积极的心态,以及积极心态的具体表现。在此基础上,再引导学生思考为什么要保持积极的心态,以及保持积极心态的底层逻辑是什么。最后,教师还会引导学生思考如何保持积极的心态,比如具体应该采取哪些措施。思维深刻性欠缺的教师可能仅停留在如何保持积极心态的单一层面,而不会引导学生深入思考概念的本质及其背后的原因。

从思维的灵活性来看,思维灵活性高的教师由于具备多元化的思维视角和思维方式,因此在与学生互动时,更容易激发学生的思维,引导他们从不同的角度思考问题。例如,在引导学生思考解决问题的方法时,教师能够从不同的角度进行示范,鼓励学生从多个视角审视问题。以"如何解决焦虑"为例,思维灵活性高的教师不仅会引导学生从自身视角思考问题,还会鼓励他们从外部视角,如家人或朋友的角度进行思考,并从焦虑本身的特性,如不可逆转性,来拓展思维的广度。相反,思维灵活性不高的教师可能仅仅引导学生从单一角度考虑问题,而无法跳出问题本身,从多方面分析和解决问题。

从批判性思维的角度来看,具备批判性思维的教师在面对学生的观点陈述时,更容易引导学生从更加全面的视角思考问题和解决问题,从而形成科学、合理的问题解决方案。例如,在"自我评价"时,具有批判性思维的教师可能会引导学生从正反两方面对自己进行较为客观的评价,既肯定自己的优点,又指出自己的缺点,而不是一味地自我赞扬或自我批评;在评价他人或其他事物时,也能引导学生从全面、客观的角度进行评价,而不是主观武断或片面推理。总之,具有批判性思维的教师会引导学生更加全面地对人物或事物做出较为客观的评价,从而形成较为可靠的结论。而缺乏批判性思维的教师在面对评价和判断等问题时,可能无法引导学生从不同角度全面分析和解决问题,学生思维的广度和深度可能受到限制。

从思维的创造性来看,具有创造性思维的教师视野更加开阔,思维角度和方式更加灵活,思考的结果往往与众不同。这些教师通常不拘一格,不会僵化或教条地与学生互动,而是引导学生不拘泥于框架、不墨守成规,不依赖标准答案进行创造性思考。当学生提出新颖的观点和想法时,教师会大力鼓励,而不是用标准答案束缚学生的思维。相反,缺乏创造性思维的教师通常会墨守成规,在指导学生时,以"标准"来衡量学生的思维成果,限制了学生的思维。例如,当学生的作文中出现与教师预设标准不同的内容时,教师往往用标准答案否定学生的思维结果,而不是鼓励学生的创新思维。

总的来说,教师的思维品质水平与学生的思维品质发展密切相关。教师思维的敏捷性、深刻性、灵活性、批判性和创造性对全面提升学生的思维品质具有重要影响。教师在某一方面思维品质的缺失必然导致学生在该方面的思维品质发展受到限制。在教学实践中,教师应采取多种方式不断提高自身的思维品质,特别是批判性和创造性思维。教师要增加阅读量,尤其是经典文本,如英文名著、时事文章、杂文等,通过阅读不断更新自身的知识,为思维注入新的活力。此外,教师平时要注重写作,无论是教学随笔还是学术论文的写作,都有助于提升自身的思维能力和水平。一个思维品质高的教师更具教学智慧,更能培养学生的思维品质,为学生的思维品质发展创造更为有利的条件。

第二节 教师的口头表达能力与学生的思维品质发展

　　教师的口头表达能力是课堂互动的关键因素之一,极大地影响着课堂互动的质量和学生思维品质的发展水平。具备较强口头表达能力的教师在促进学生思维品质发展方面具有显著优势。这样的教师能够清晰地阐述写作的整体思路,更好地指导学生的写作过程,从而提高学生思维的逻辑性和深刻性。此外,他们在与学生的互动中,能够真实且明确地表达思想和观点,帮助学生解决个性化的疑惑。具备良好口头表达能力的教师还能为学生的写作提供生动的思维和语言素材,为学生的思维加工和生成创造条件。同时,他们能够为学生的思维注入新的活力,启发学生进行深入思考,提升其思维的深刻性和创造性。

　　在写作教学中,教师的口头表达能力直接影响学生对主题写作知识的理解程度以及思维的深度。教师首先需激活学生已有的主题知识和经验,然后基于写作主题,呈现完成写作任务所需的写作知识和语言知识,帮助学生建构系统性的主题知识和语言知识。在这一过程中,教师的口头语言是交际的中介,起着关键的桥梁作用。口头表达能力强的教师能够使用清晰、准确的语言帮助学生联想已有的知识与经验,并理解、吸收教师所呈现的新主题知识和语言知识,从而不断拓展主题与语言知识的广度,提高思维的逻辑性与深刻性。相反,口头表达能力较弱的教师可能在即时提问、追问等方面存在不足,不利于学生准确地理解写作知识和语言知识。

　　教师的口头表达能力还影响学生思维的个性化发展,特别是创造性思维。在教学实践中,总有一些学生会提出独特而与众不同的个性化观点。他们对这些观点存在疑惑,需要通过与教师的互动交流,寻找支持观点的证据。在这种情况下,教师不仅要准确理解学生的个性化观点,还需用精准的语言对学生的观点做出积极回应,并提供具有说服力的理由和证据,以解答学生的疑惑。这个过程是教师和学生的思维趋于一致的过程,以教师的底层思维逻辑为主线,逐步引导学生深度理解自己的个性化思维结果,从而培养学生思维的逻辑性和独创性。口头表达能力较弱的教师则不具备这种顺畅的沟通能力,难以清晰地表达自己的思想和回应学生的个性化思维。

　　口头表达能力强的教师还能为学生的写作提供最新的思想资源和素材资源,前者指的是教师的思想和观点,后者则是教师使用的语言。这些资源需经过学生的思维加工过程,才能转化为学生的思维材料。在这一过程中,教师的口头表达能力显得尤为重要。口头表达能力强的教师,其语言中蕴含的思想、观点、情感和态度更加丰富,信息密度更高,能够为学生提供更多的思维材料;同时,这类教师的语言更具逻辑性,能为学生的思维过程提供更多支持。相反,口头表达能力较弱的教师,其课堂语言内容不够丰富,通常不会成为学生模仿和内化的对象,学生对教师口头表达的关注度会降低,难以成为学生思维过程和思维加工的主要材料,不利于学生思维品质的发展,尤其是思维的逻辑性和创造性的发展。

　　口头表达能力强的教师还能为学生的思维注入新的活力,并有效启发学生的思维,引导他们深入思考问题。由于语言与思维密不可分,深刻的思想常常需通过精准的语言来表达。如果教师的语言能力有限,难以用学生能够理解的精确语言传达思想,学生可能会难以理解教师的观点和思想。如果教师的口头表达能力强,他们便能够使用精准的语言,恰当地传达深刻且富有启发性的思想和观点,从而引导学生进行更深入的思考。显然,这种师生互动更具思维含量,能够更有效地促进学生思维品质的发展。教师的语言越具有启发性和深刻性,越能激发学生的思维潜力,越能拓展学生的思维广度与深度,提高他们的思维品质。

　　总的来说,在写作教学中,教师的口头表达能力在很大程度上影响教师的话语质量、思维深度及信息传递的效果,从而影响学生思维品质的发展。

口头表达能力强的教师更容易与学生在思想、观点和知识等层面进行深度交流，更能激发学生的深入思考，更好地支持学生的个性化思考，为学生的思维注入新的活力，促进学生思维品质的发展。教师在日常学习中应不断提升自己的口头表达能力，特别是多听真实的英语新闻、英文故事等真实语料，扩大阅读量，丰富世界知识和语言知识，提高语言素养，为课堂上促进学生思维品质的发展奠定语言基础。

第三节　师生的课堂互动质量与学生的思维品质发展

在写作教学中，师生互动的质量体现在诸多方面。除了教师设计的问题的层次性，以及追问的频度和深度对学生思维品质发展的影响外，学生的提问和追问水平也是影响学生思维品质发展的重要因素。相比于教师的提问和追问，学生的提问和追问更能激发学生思维的主动性和深刻性，更有利于学生的思维品质发展。学生提问和追问的水平和层次与教师的引导密不可分。学生能否提出具有思想深度的问题，或对教师的回答进行深度追问，取决于教师的引导。

学生提问的有效性建立在对教师互动内容和语言深刻理解的基础上。学生能够提出高质量问题的前提是对教师话语内容有深刻的理解，并在此基础上表达自己的疑问或困惑。有些学生的疑问或困惑源于教师表达不清或不够具体，而另一些则可能是由于学生注意力不足所致。无论疑问或困惑产生的原因是什么，当学生以问题的形式向教师提出时，他们必然经历了理解、分析、判断、质疑等复杂的思考过程。在这一过程中，学生思维的逻辑性和批判性会得到不断发展。如果学生的疑问是由于教师的表达不清或不具体引起的，那么学生的提问通常会更具逻辑性和深刻性。而如果学生的提问是因为自身注意力不集中导致的，其基础仍然是理解和质疑，这在一定程度上也有助于学生思维品质的发展。

学生对教师的提问与教师对学生的提问截然不同。前者是因为不理解而提问，是站在求知的角度发问的；后者则是"明知故问"，是站在教学和学生发展的角度提问的。这两种提问方式对学生思维品质发展的影响是不同的。当学生能够对教师的话语提出问题时,说明学生的思维已进入深度探究阶段。学生不仅需理解教师所讲内容,还需基于教师话语的逻辑线索,提出自己想了解的问题。这是一个严密的思维过程。在这一过程中,学生最大的挑战是找到教师思维的逻辑起点,进而提出自己的问题。在学生向教师提问的过程中,学生的学习状态从被动变为主动,师生互动的主导权转移到了学生手中。这种提问更能激发学生思维的主动性,提高学生思维的深刻性和批判性。

从某种意义上说,教师平时对学生提问和追问习惯及意识的培养决定着学生的提问和追问水平。这要求教师在日常教学中要不断培养学生的提问和追问意识。例如,在与学生的互动过程中,特别是当教师阐述了自己的观点或总结了主要内容后,应为学生预留提问和追问的机会和时间。教师应经常使用诸如"Do you have any questions?""What questions do you still have about this topic?""Do you want to know more about this topic?""What do you want to know about this topic?"等问题,为学生的提问和追问创造思维条件。学生提问和追问得越多,其经历的思维活动和思维过程就越丰富。

总体来说,在写作教学中,师生互动的质量不仅体现在教师的提问和追问层面,还体现在学生的提问和追问层面。这两种提问和追问方式在发展学生的思维品质方面都具有重要价值。相对而言,学生的提问和追问比教师的提问和追问更具思维含量,更有利于思维品质的发展。教师不仅要为学生的提问和追问创造条件,还要鼓励学生大胆提问和追问,即使学生的问题较为幼稚或重复,教师也要保护这种问题意识。在日常教学中,教师应培养学生主动提问和追问的习惯和意识,并指导他们如何提问和追问。通过学生的提问和追问,不断提高学生思维的广度和深度,提升其思维品质。

第四节　教师的写作能力与学生的思维品质发展

在写作教学中,教师的写作能力表面上似乎不直接影响学生的写作过程和作文成品,也不直接影响学生的思维品质发展。然而,教师的写作能力在范文分析、写作过程指导和作文反馈等关键环节中起着重要作用,从而影响学生的思维品质发展。通常来说,写作能力水平高的教师能够更准确、更深入地引导学生理解语篇的意义表达特点、谋篇布局方式、语言使用习惯和修辞手段,能够更好地引导学生深入思考、分析和解决问题,提高学生思维的逻辑性、深刻性和批判性。

在语篇分析层面,教师的写作能力主要体现在对语篇的主题与内容、语篇结构、语言表达方式、衔接与连贯性,以及语篇质量的分析等诸多方面。在写作教学中,教师的语篇分析能力主要体现在对写作范文的分析和对学生作文的分析等方面。不少教师对语篇主题与内容、语言表达方式的分析能力较强,但在语篇结构分析、衔接与连贯性分析、语篇质量分析等方面存在不足。在语篇结构分析方面,许多教师仅仅停留在段落设置层面,而忽略了段落内部及段落之间的语义连贯。在衔接与连贯性方面,大多数教师的分析主要集中在显性的衔接方式上,如连接词的使用,而忽略了其他衔接方式和语义的深层连贯。在语篇质量分析方面,许多教师习惯于分析高质量语篇,但缺乏判断语篇质量的能力,例如,有些教师难以区分优质语篇和劣质语篇。语篇分析能力的不足必然导致教师对语篇的分析不够深入、全面,从而影响学生思维品质的发展,特别是思维的逻辑性、深刻性和批判性。

在写作指导方面,教师的写作能力直接影响对学生作文的指导效果,尤其影响学生对写作知识与技能的理解和迁移水平。教师的写作水平越高,就越有利于将写作知识具体化,帮助学生理解写作的程序化知识,并促进学生思维品质的发展。写作水平高的教师通常能够创作出高质量的语篇,尤其是具有示范价值的范文。在指导学生的写作过程中,他们能够更直观、准确地将自己掌握的个性化写作知识与经验传递给学生,帮助学生理解、内化并运用写作知识,从而写出高质量的作文。然而,在教学实践中,并不是每个英语教师都能创作出高质量的文本,尤其是符合英语语言文化的、语言使用得体、地道的范文。如果教师的写作能力不高,那么在指导学生写作时可能会停留在空泛、脱离实际的理论层面,不利于学生深入思考、创造性地解决问题,进而提高思维品质。

在作文反馈方面,教师的写作能力直接影响学生作文反馈的质量以及学生思维品质的发展。写作能力强的教师不仅具备扎实的理论知识,还拥有丰富的实践经验。在为学生的作文提供反馈时,他们能够凭借自身的写作经验,提出适当且具有指导价值的意见,从而引导学生深入思考。相反,写作能力较弱的教师可能会给出不切实际甚至具有误导性的反馈。这些意见不仅无助于学生提高写作能力,还可能阻碍他们从不同角度思考、分析和解决问题。因此,教师的写作能力水平直接影响作文反馈的内容、方式和效果,进而影响学生思维品质的发展。

　　教师的写作能力也直接影响学生接触到的写作范文的质量。写作能力水平不同的教师在为学生选择或提供写作范文时会存在质量上的差异。写作能力水平高的教师通常具备判断范文质量的能力,能够为学生选择出体现写作基本知识与技巧的高质量范文,帮助学生学习写作知识与技能,并促进思维品质的发展。而写作能力较低的教师,由于自身写作能力的局限,可能会为学生选择或提供存在诸多质量问题的范文,不利于学生的深度思考和思维品质的提升。

　　总体而言,教师的写作能力水平影响学生的思维品质发展。写作能力水平高的教师,无论在范文分析与选择方面,还是在写作过程的指导和作文反馈方面,都具有显著的优势。这些优势主要体现在教师能够通过范文分析、写作过程指导和作文反馈等重要环节,引导学生从不同的视角建构知识、发展技能,提高思维的逻辑性、深刻性、创造性和批判性。而写作能力欠缺的教师则因自身写作能力的局限,无论在范文的选择与分析、写作过程的指导还是作文的反馈等层面,均存在不足或“无力感”,这不利于引导学生从多角度思考、分析和解决问题,不利于学生思维品质的发展。

第九章

促进思维品质发展的英语写作教学范式

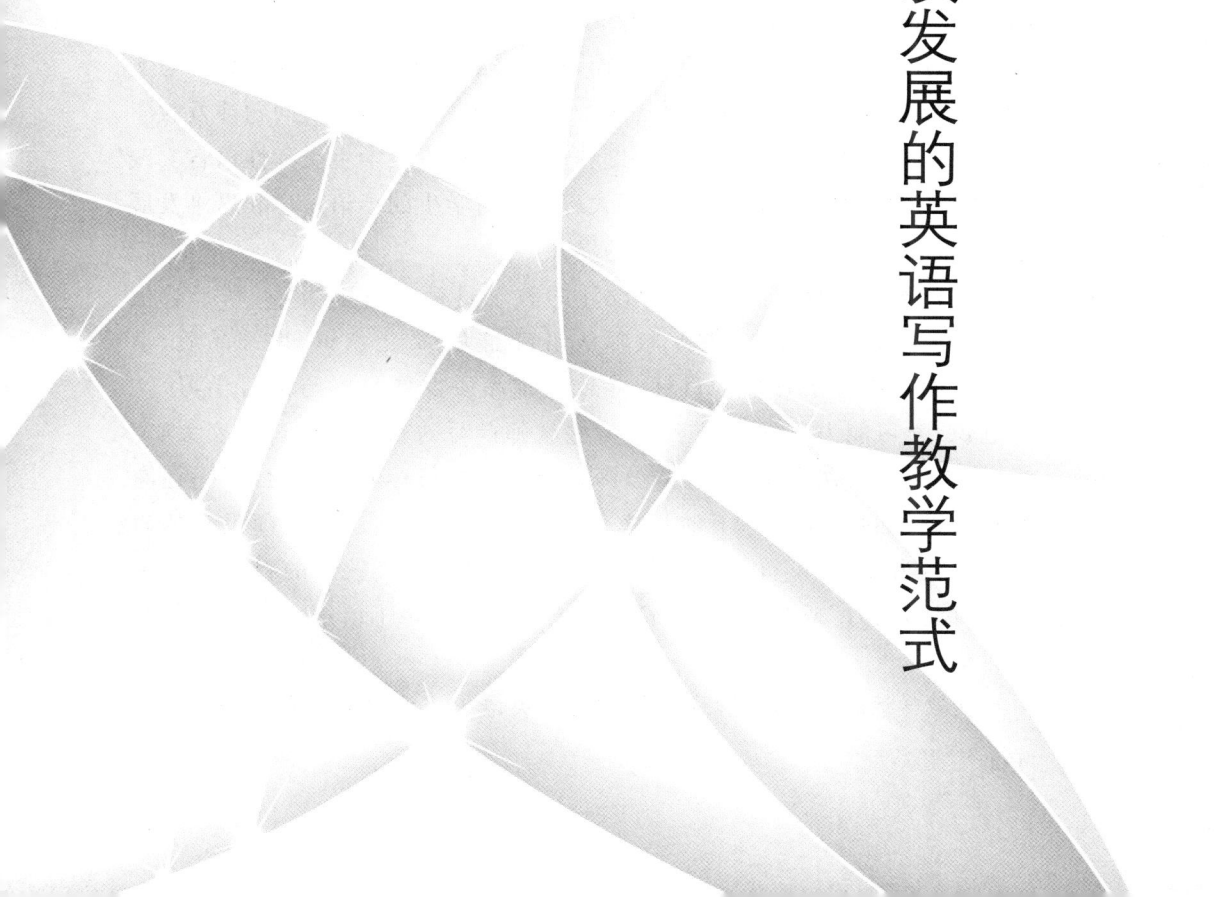

第一节　英语写作教学存在的主要问题分析

新课程改革以来,特别是核心素养发展目标提出以来,英语教学正式进入了素养时代。素养时代英语教学的最大特点是课堂教学不仅要关注语言的学习,还要关注思维品质的培养、文化意识的培育、学习能力的提升等。可见,素养时代的英语教学目标更加多元化,课程的育人功能更加凸显。这就要求英语课堂改变传统的以语言学习为核心的教学方式,重视学生思维品质等综合素养的培养,充分发挥英语课程的学科功能,促进学生的全面发展,实现国家立德树人的根本任务。

英语新课程标准,特别是《普通高中英语课程标准(2017 年版)》和《义务教育英语课程标准(2022 年版)》颁布以来,英语课堂的教学生态发生了积极的转变。许多教师摒弃了以语言学习为核心的教学理念,积极实施以素养为导向的课堂教学改革与实践。然而,在教学目标的定位、活动的设计与实施等方面,课堂教学仍存在诸多问题。就写作教学而言,主要问题涉及教学目标定位不当、教学活动的思维深度和层次不够,以及学生交际性语言实践活动的实施不力等。这些问题在很大程度上对学生的英语写作和思维发展造成了障碍,不利于学生思维品质的提升。

就教学目标而言,有些教师设计的教学目标定位不当,不利于学生思维品质的发展。比如,有些教师从语言能力、文化意识、思维品质、学习能力四个维度撰写教学目标,导致思维品质发展目标与语言学习、文化意识、学习能力目标相互割裂;有些教师撰写的教学目标过于宏大、宽泛,难以在一节课中实现;有些教师设计的教学目标缺乏可检测性;还有些教师设计的教学目标不够具体、指向不明。此外,还有教师设计的教学目标较为片面,不符合写作教学的定位,如将读写教学的目标定位为"提高阅读能力"或"能写出正确的句子"等,而忽略了语篇写作能力等核心目标。

就教学活动而言,尽管许多教师能从英语学习活动观的角度设计教学活动,但仍有相当一部分教师设计的教学活动缺乏思维深度和层次性。主要表现为低层次的活动过多,活动之间缺乏梯度。例如,在阅读和写作教学中,有些教师设计了大量的语篇局部理解活动,如回答细节问题、解释词义等,但忽略了对语篇整体理解的活动,如结构和修辞分析等。再如,在主题写作教学中,有些教师设计了大量的知识复现活动,如齐读单词、造句等,却忽视了归纳、概括、创造等高阶思维活动。缺乏思维深度和层次的活动不利于学生进行深入思考。

就学生的语言实践活动而言,大多数活动仍停留在简单的重复和操练层面,在真实语境中运用语言表达意义的实践活动较为缺乏。例如,在读写课中,一些教师设计的语言实践活动大多是机械性的,如回答问题、填空、造句、仿写等,而缺乏在真实语境中进行写作的活动;在主题写作课中,一些教师设计的活动也主要以机械性的呈现和操练为主,具有真实情境的写作活动较少。换句话说,无论是读写课还是主题写作课,课堂上的大多数语言实践活动都以机械操练为主,情境性不足,写作的交际性不强,学生缺乏在真实语境中分析和解决问题的体验,不利于思维品质的发展。

除课堂教学目标、教学活动设计与实施等问题外,写作课堂还存在课堂互动不足、学生学习主动性不强、课堂随意性较强、目标达成度不高等问题。课堂互动不足主要表现为一次性问题过多、持续性追问不足、课堂互动不深入。主动性不强主要表现为学生缺乏积极探究的意识和质疑意识,课堂上主要以被动接受为主。课堂随意性较强主要表现为课堂实施行为缺乏严谨的整体设计,课堂完整性不足,有些教师随意将课堂上未完成的内容转化为课后作业。目标达成度不高主要表现为许多学生在课堂上无法完成作文,或完成了作文但缺乏反馈与评价。这些问题在不同程度上影响着学生思维品质的发展。

总体来说,自进入素养时代以来,英语教学的课堂生态发生了积极的转变,许多教师都在积极实施素养导向的教学实践。然而,写作教学中仍存在教学目标定位不当、教学活动的思维含量和层次性不够、学生的课堂语言实践活动不够充分、课堂互动不足、学生的学习主动性不强、课堂随意性较强以及目标达成度不高等问题。这些问题既不利于学生写作能力的提高,也不利于思维品质的发展。

第二节 促进思维品质发展的
英语写作教学范式的内涵与价值

在英语教学中,学生思维品质的发展不仅与思维的激活有关,还与课堂的思维拓展及学生的思维表达相关。因此,促进思维品质发展的英语教学范式以"激活思维(Activation)""拓展思维(Advance)""表达思维(Application)"为主要框架(简称 3A 范式)。在 3A 范式中,激活思维、拓展思维、表达思维是按照思维的发展规律和课堂的逻辑顺序推进的。三个阶段由低到高,环环相扣。激活思维指的是激活学生的已有思维水平,拓展思维指在原有思维水平基础上的进一步发展,表达思维指在真实的语境中外化思维。3A 范式适用于中小学英语各种课堂教学,是"英语思维课堂"的关键要素之一。就写作教学而言,3A 范式既适合读写教学,也适合主题写作教学。

一、3A 范式的内涵特点

激活思维(Activation)是发展思维品质的第一步。任何学习都建立在已有知识与经验的基础上。思维品质的发展也是如此,它是在已有思维发展水平上的提升,而不是割裂的、断层的、脱节的发展。激活学生已有知识与经验的过程就是激活思维的过程。在这个过程中,学生的大脑会经历联想等思维活动,已有的思维水平会被逐步激活。在教学实践中,头脑风暴是最典型的思维激活方式。教师可基于主题语境,激活学生大脑中与主题相关的已有知识与经验。例如,在主题为"茶的发明"的读写教学中,教师在学生阅读文章前,可使用问题激活学生大脑中关于茶的已有知识,如"茶是什么时候发明的?""在哪里发明的?""如何发明的?"这些背景性问题有助于学生联想与茶有关的主题知识与经验,激活已有思维,为思维的拓展奠定基础。

拓展思维(Advance)思维发展的核心,也是思维外化的基础。没有思维的拓展,就没有思维的外化。在读写教学中,拓展思维的主要载体是语篇和活动。语篇为学生提供思维材料,而教学活动为学生提供思维实践活动。

语篇是学生思维的主要材料,学生理解语篇的过程是多种思维活动相互作用的过程。教学活动就是思维活动,学生在参与教学活动的过程中,既是在与语篇对话,也是与教师对话。该过程有助于学生对语篇深度理解,拓展思维的广度与深度。在教学实践中,学生思维的拓展受制于语篇的思维含量和教学活动的思维含量,这两个因素是影响学生思维品质发展的关键条件(张泰刚,2023a)。学生理解语篇材料和参与教学活动的过程,既是知识不断积累的过程,也是思维水平不断提升的过程。在主题写作教学中,拓展思维的主要途径是通过教学活动实现的。拓展思维的主要活动包括预测、理解、分析、归纳、推理等。

表达思维(Application)是激活和拓展思维的目的和结果。没有思维的激活和拓展,思维的表达难以实现;没有思维的表达,思维的激活和拓展则毫无意义。因此,表达思维是思维品质发展的重要体现,其结果是思维的外化,即学生用目标语言表达思想和意义的过程和结果。在写作教学实践中,表达思维的活动方式既有口头方式,也有书面方式。以读写教学为例,表达思维的活动包括复述、评价等基于语篇的活动,以及迁移、创造等超越语篇的活动。以评价为例,学生对语篇中的事件、人物、观点进行价值判断的过程就是表达思维的过程。再以创造为例,学生在真实的语境中运用语篇知识解决问题的过程就是思维创造的过程。例如,在"茶的发明"的读写教学中,学生阐述"另一种发明"就属于典型的思维表达活动。主题写作教学中的表达思维主要体现在对主题知识的讨论、迁移、外化等层面。表达思维是对思维的深化和升华,只有在表达思维的过程中,学生才能学会思考问题、分析问题、解决问题,才能真正实现思维品质的质变。

二、3A 范式的理论依据

在教学实践中,以"激活思维""拓展思维""表达思维"为框架的 3A 范式具有坚实的理论依据。3A 范式是将思维发展与英语学习相融合的课堂教学范式,具有科学性、逻辑性和融合性。3A 范式不仅符合思维发展的普遍规律,也符合语言学习和一般学习的规律。该范式与布鲁姆的认知目标层次及英语学习活动观的内在逻辑是一致的。

第一,从思维发展的规律来看,3A 范式符合思维发展的一般规律。任何思维都是在已有思维基础上的发展与提升,因此,思维的发展必须以激活已有的思维水平为基础。可见,激活思维是发展思维品质的第一步,是思维拓展的基础。思维的拓展是思维发展的核心,也是思维激活的目的和结果,其表现是学生的思维在已有基础上发生了积极的变化。任何思维发展都以分析问题和解决问题为目的,这就是思维的表达或外化。表达思维是思维发展的目标,没有思维的表达,思维的拓展是没有意义和价值的。可见,思维的激活、拓展、表达三个阶段是由低到高、层层递进的,符合思维发展的一般规律。

第二,从语言学习的规律来看,3A 范式符合语言学习的一般规律。语言学习涉及三个关键阶段:语言的输入(Input)、语言的内化(Intake)和语言的外化(Output)。这三个阶段与 3A 范式的内在逻辑是一致的。语言的输入和内化首先需激活相关的背景知识,然后学习内容,这相当于 3A 范式中的激活和拓展。语言的外化实际上指的是语言的产出,即使用目标语言表达意义的过程。语言的表达实际上是思维表达或外化的过程,这相当于 3A 范式中的表达思维。可见,3A 范式与语言学习的一般规律是契合的。

第三,从一般学习的规律来看,3A 范式符合基本的学习规律。任何学习都是在已有学习基础上的提升,意味着知识的增加和能力的提高,以及新的收获和进步。因此,学习的第一步是先复习已有的知识,然后开始新的知识学习,最后使用新知识解决问题。3A 范式也遵循从旧知识的激活、新知识的学习到新知识的运用三个层次,符合一般的学习规律。3A 范式中的激活思维、拓展思维和表达思维与知识学习的三个主要阶段具有内在的逻辑一致性。

第四,3A 范式与布鲁姆的认知目标具有相同的逻辑。布鲁姆的认知目标涵盖六个层次,由低到高依次是:记忆(Remembering)、理解(Understanding)、应用(Applying)、分析(Analyzing)、评价(Evaluating)、创造(Creating)。这六个认知层次从低阶到中阶,再到高阶,符合认知的一般规律。3A 范式的三个思维发展阶段也是按照认知的层次性来设计的。在 3A 范式中,激活思维对应的是学生的已有思维水平,拓展思维对应的是学生思维的发展层次,表达思维对应的是学生思维的升华层次。布鲁姆认知目标中的记忆大体相当于 3A 范式的思维激活;理解、应用、分析大致属于 3A 范式的思维拓展;评价、创造大致属于 3A 范式的思维表达。

最后,3A 范式与英语学习活动观的基本逻辑是一致的。英语学习活动观涵盖学习理解、应用实践和迁移创新三类活动。这三类活动体现了活动的主体性和层次性。从主体性来看,这三类活动的主体都是学生。从层次性来看,这三类活动遵循由低到高的逻辑,都是从认知层面进行分类的。3A范式中的激活思维、拓展思维和表达思维也是按照这个基本逻辑设计的。3A范式的激活思维和拓展思维类似于英语学习活动观中的学习理解和应用实践,而3A范式的表达思维类似于迁移创新。

三、3A 范式的价值

自核心素养发展目标提出以来,英语教学的课堂生态发生了积极的转变,但仍存在许多不利于思维品质发展的问题。这些问题的主要根源在于:学生思维品质的培养需要一个成熟且相对稳定的模式,然而,目前的研究和实践尚未形成这样的模式,难以为广大一线英语教师提供直观且直接的参照模型。3A范式基于当前思维品质发展中存在的主要问题,充分考虑了思维发展、语言学习及一般学习的规律,建立了一个思维与语言学习融合发展的教学范式。该范式不仅对思维品质发展具有直接价值,也对英语学习和核心素养各要素的融合发展具有重要价值。

第一,3A范式为学生思维品质的发展提供了课堂解决方案。尽管目前关于思维品质的研究较多,但大多数研究主要聚焦在培养思维品质的价值(程晓堂,2015;刘道义,2018;张泰刚,2023a)、思维品质的培养方法与途径等(郭宝仙、章兼中,2017;刘道义,2018;陈则航等,2019;张泰刚,2023a),较少有研究从教学范式的视角探讨促进思维品质发展的课堂教学活动设计思路。从课堂范式的视角研究思维品质的培养方式能够弥补目前思维品质研究过于关注微观层面而忽略整体研究的不足,为在英语课程中培养学生的思维品质提供课堂解决方案。

第二,3A范式为解决当前英语课堂教学缺乏整体结构的问题提供了参考方案。尽管课堂教学的生态不断改进和优化,但仍然存在各种问题,特别是教师设计的教学活动往往缺乏足够的思维含量和层次性。其主要原因在于一线教师难以把握课堂教学活动设计的内在逻辑,难以提炼出指导教学活动设计与实施的基本框架。3A范式主要依据课堂的思维发展逻辑来设计课堂活动,既遵循了思维品质发展的基本规律,也遵循了语言学习和一般学习的规律。因此,该范式能够为解决当前课堂教学设计与实施碎片化的问题提供有效的解决方案。

第三,3A范式为英语学习活动观的实践提供了具体的范例。英语学习活动观为课堂活动设计提供了一个基本框架和思路。然而,在教学实践中,许多教师对英语学习活动观的理解不到位。有些教师片面地认为课堂活动应严格按照学习理解、应用实践、迁移创新(教育部,2020;2022)三类活动循序渐进地进行设计,并且认为三类活动之间的顺序不可改变。3A范式既是对语言学习逻辑的实例化,又是对英语学习活动设计的实例化,有助于英语教师更好地理解英语学习观的宗旨、内涵和设计方法,避免僵化甚至错误地理解和实施英语学习活动观。

第四,3A范式为指向核心素养的英语课堂教学实施提供了理想的模式。3A范式着眼于课堂教学模式的构建,旨在通过构建统领课堂活动设计与实施的基本框架,规范课堂活动的设计与实施,为学生思维品质的发展创造更为有利的条件。由于思维与语言学习密切相关,促进思维品质发展的课堂教学范式必然有助于学生学习语言、提高文化意识和学习能力。这一范式必然有助于发展学生的核心素养。可见,促进思维品质发展的教学范式不仅契合思维品质的发展目标,也契合核心素养的发展目标;不仅为思维品质的课堂发展提供了理想的模式,也为指向核心素养的教学提供了理想的模式。

第五,3A范式为英语课堂教学模式的研究提供了具体的范例。有些学者,如杨志宏(1999),也研究了英语思维教学模式。但迄今为止,还没有形成一个统一的、公认的英语课堂教学模式,也没有研究证明哪一种课堂教学模式更有效。3A范式是基于思维品质发展规律和语言学习规律而建立的课堂教学范式,能够更加全面地涵盖思维发展的全过程,为课堂教学模式的研究提供新的尝试和案例,丰富了教学模式或模型研究领域的成果,特别是"思维型课堂"(林崇德、胡卫平,2010)的研究成果。

总体来说,3A范式是一个思维发展与英语学习融合的课堂模型。该模式不仅为在写作教学中发展学生的思维品质提供了实践模型,也为解决当前英语课堂教学中存在的现实问题提出了解决方案,还为英语学习活动观的实施提供了实践案例,更为构建素养导向的教学范式提供了理想的框架,有助于丰富教学模式或模型的实践和研究成果,在理论和实践层面均具有重要价值和意义。

第三节　促进思维品质发展的
英语写作教学范式的课堂实践

　　3A 范式的主要框架包括"激活思维""拓展思维""表达思维"三个阶段，其实质是课堂教学的三个主要环节。在教学实践中，教师可按照这三个环节的顺序设计教学活动。激活思维的常用方法是头脑风暴，相关活动包括关联联想和相似联想等。拓展思维的常见活动有预测、理解、分析、概括、推理等。表达思维的常用活动有评价、辩论、阐释、迁移、创造等。这三个思维发展阶段的活动性质与功能各不相同，对思维发展的价值也有所不同。

　　在写作教学中，3A 范式既适用于读写教学，也适用于主题写作教学。以人教版八年级下册第四单元"Why don't you talk to your parents?"的读写教学为例，语篇内容是一名青少年与心理专家的信件交流。交流的焦点是"如何处理与家庭成员的关系"，特别是如何面对父母永不停息的争吵、哥哥的霸道蛮横，以及应对孤独无助的心理问题。文章的主题与学生的生活紧密相关，内容丰富，人物的行为与心理冲突明显，思维含量较高，有助于学生深度思考问题、表达思想和观点。教学过程可设计如下。

　　首先，激活思维。激活思维主要是通过唤醒学生大脑中与语篇主题相关的知识和经验，将学生的思维从沉默状态激活到工作状态。由于语篇的主题是家庭成员之间的关系问题，如矛盾、冲突、不和谐相处等，因此，思维的激活需围绕这一主题展开。比如："Do you feel happy in your family? What trouble do you have at home? How do you get on well with them?"等。这些问题围绕"家庭成员的关系"展开，能有效激活学生大脑中与语篇主题相关的知识和经验。

　　其次，拓展思维。拓展思维主要是拓展与主题知识相关的思维，实质是拓展主题知识。拓展主题知识的过程就是拓展思维的过程。在读写课中，拓展思维的主要途径是理解、分析、推理语篇的主题意义。比如："What is the problem of Sad and Thirteen? What happens to Sad and Thirteen? What suggestions does Hunt provide?"。这三个问题涵盖了语篇的主要内容，能够帮助学生形成新的认知，拓展已有的思维水平。在此基础上，教师可让学生分析主人公家庭关系问题产生的根源。比如："What is the main cause of Sad and Thirteen's problem? Who should be responsible for the problem?"。这些问题有助于学生深入思考语篇背后的隐含信息,提高思维的逻辑性与深刻性。

最后,表达思维。表达思维是用英语表达与语篇主题相关的意义,表达主题意义的过程就是表达思维的过程。教师可先让学生评价语篇中主人公的事件、行为或观点,比如："Do you think the suggestions given by Hunt are helpful for Sad and Thirteen? Why? Do you have some advice for Sad and Thirteen? What are they?"第一个问题是让学生对心理专家 Hunt 提供的建议进行评价,第二个问题则是让学生针对主人公的问题提出自己的个人建议。这两个问题的视角和深度不同,对学生思维的拓展程度也不同。在此基础上,可让学生联系生活,解决实际问题,比如："Do you have some problems or trouble at home or in school? If yes, what are they? How do you solve them? What do you think are some good suggestions to solve these problems?"与前面的评价和提出建议不同,这些问题与学生自身的生活经验紧密相关,有助于学生把语篇中的知识进行迁移,实现思维的外化。最后,让学生在真实的情境中分析问题、解决问题,比如："Suppose your UK friend asks you for advice on how to keep good relationships with family members, especially on how to stop parents' fighting and get on well with brothers and sisters."这个活动情境真实,有助于学生将语篇中所学的主题知识与语言知识进行迁移,解决新的问题,实现思维的深度表达。

主题写作课与读写课一样,也可使用 3A 范式设计和实施课堂教学。由于主题写作课通常不提供现成的语篇,思维的拓展主要依赖于教师与学生的互动,尤其依赖于教师提供的互动材料和主题知识,思维的激活和表达与读写课类似。以"如何保持健康"为主题的写作课为例,具体过程如下。

首先,激活思维。在主题写作课中,激活思维是通过联想主题知识与语言知识来实现的。激活思维的过程实际上是联想已有主题知识与语言知识的过程。需强调的是,语言知识的联想是在主题知识的引导下进行的,而不是孤立进行的。例如,"Do you know what health problems people have? What physical problems do people have? What mental problems do people have? How do people keep healthy?"这些问题都与写作主题"保持健康"相关。学生在联想大脑中与健康问题、保持健康的建议等相关主题知识的过程中,同时也联想了相关的主题词汇、句型等知识。可见,在主题写作课中,激活思维主要依靠激活主题知识与语言知识来实现。

其次,拓展思维。对主题写作课来说,拓展思维不是借助语篇完成的,而是借助师生的互动来实现的。这种互动以教师为主导,以教师提供的拓展性或新的主题知识和语言知识为拓展内容。学生在教师的引导下,在与教师互动的过程中建构主题知识,完成知识与思维的拓展。需注意的是,这种拓展是互动式的而不是教师单方面呈现的。此外,这种主题知识与语言知识的拓展是指向思维的表达的,也就是指向课堂的写作任务的。在本节课中,教师可引导学生拓展以下知识,比如:"What diets do some successful people keep? How do some sports champions do sports every day? Do you know how to keep mental health by improving our body? Do you know how to balance food and health? What exercise can keep people healthy with fewer time spending?"。在学生深度思考的基础上,教师可采用互动交流的方式呈现这些知识,拓展学生的主题知识与语言知识。

最后,表达思维。对于主题写作课而言,表达思维实际上就是完成写作任务。学生完成写作任务的过程,就是表达思维的过程。通常来说,主题写作课中的写作任务具有真实的交际情境,学生会有假定的作者身份,作文也有假定的读者对象,写作的目的是用英语进行真实的交流。在本节课中,写作任务可设计为:"假设你的澳大利亚朋友向你询问如何保持身心健康,请给他写一封电子邮件。"这个写作任务具有真实情境,有助于学生运用已有的知识和经验,以及本节课的拓展知识来表达思想和意义。学生表达思想和主题意义的过程是思维的外化过程。表达思维是学生运用主题知识解决问题的过程,是思维激活和拓展的结果。

需强调的是,3A 范式的"激活思维""拓展思维""表达思维"三个阶段遵循课堂活动的内在逻辑,具有明确的先后顺序,不得随意调整,否则会导致课堂层次混乱、逻辑不清,对学生的思维发展造成障碍。当然,这并不意味着 3A 范式内的课堂活动类型是固定不变的。与英语学习活动观的内在逻辑类似,3A 范式是一个大的思维发展框架。在这个框架内,教师可基于学生思维品质发展的需要,尤其是语篇的特点和知识建构的需求,设计各种思维活动。但无论设计或使用何种思维活动,课堂应始终按照激活思维、拓展思维、表达思维的三个阶段有序推进,不能改变三个阶段的逻辑顺序。

在中小学英语课堂教学中,除了写作教学可运用3A范式外,其他课型如词汇课、语法课、阅读课也可运用3A范式设计课堂教学活动,以促进学生思维品质的发展。以语法教学为例,教师可先激活学生大脑中与目标语法主题相关的知识和经验,然后提供包含典型目标语法的主题语篇,让学生通过阅读观察和归纳语法规则,拓展语法知识和思维。最后,让学生在新的语境中使用目标语法表达意义,实现思维的外化。再以阅读教学为例,教师也可从激活思维、拓展思维、表达思维三个层面设计教学活动。例如,在"环境保护"的阅读教学中,教师可通过头脑风暴激活学生大脑中与环境保护相关的已有知识和经验,如环境污染问题、解决措施等。接着,让学生阅读主题语篇以获得更多关于环境保护的知识,拓展他们的思维。最后,让学生结合语篇内容和生活实际,表达环保主题,实现思维的外化。需注意的是,在阅读教学中,学生思维拓展的程度还与语篇的思维含量有关。教师可根据学生思维品质发展的需要,适当地为学生开发和补充一些具有思维含量的主题阅读语篇,丰富学生的思维材料。

总体来说,3A范式契合中小学英语课堂教学中发展学生思维品质的现状和实际需求。它不仅为解决英语写作教学中学生思维品质发展面临的现实问题和学生思维品质的持续发展提供了相对稳定的理论模型和课堂教学范式,也为词汇教学、语法教学、阅读教学等其他课程中思维品质发展活动的设计提供了直观的模型。该范式有助于解决课堂教学活动设计的层次性与整体性不强、课堂缺乏系统性等弊端,对在基础教育英语课程中发展学生的思维品质具有重要的理论价值和实践意义。该范式契合思维发展与语言学习的基本规律,是"英语思维课堂"的关键要素之一,不仅有助于实现思维品质培养目标,还有助于实现语言学习等其他核心素养要素的发展目标。中小学英语教师,可在教学实践中积极尝试和使用这一范式来设计课堂教学活动,提高活动设计的针对性、层次性、整体性,不断提升学生的思维品质,促进核心素养各要素的融合发展。

注:本章第二节、第三节的部分内容曾以《促进思维品质发展的英语"3A"教学范式:内涵、依据、价值与实践》为题发表在《英语教师》2024年第17期。

参考文献

[1] COLWELL R. Teaching writing from the inside out：Teachers share their own children's books as models in elementary school classrooms [J]. Reading Horizons：A Journal of Literacy and Language Arts，2018，57 (2)：17－34.

[2] KANG E Y. Using model texts as a form of feedback in L2 writing[J].2020，89：1－10.

[3] SAHEBKHEIR F. The effect of model essays on developing accuracy and complexity of EFL learners' writing in the Iranian context [C]//International Conference "ICT for Language Learning" 4th Edition,2011.

[4] WATSON C B. The use and abuse of models in the EFL writing class[J]. TESOL Quarterly,1982,16 (1)：5－14.

[5] WU Z X，Qie J X，Wang X H. Using model texts as a type of feedback in EFL writing[J]. Frontiers in Psychology，2023,14：1－12.

[6] 蔡慧萍,方琰. 英语写作教学现状调查与分析[J]. 外语与外语教学,2006(9):21－24.

[7] 陈立平,李志雪. 英语写作教学:理论与实践[J]. 解放军外国语学院学报，1999(1):68－71.

[8] 陈立平. 从阅读与写作的关系看写作教学中的范文教学[J]. 外语与外语教学,2001(4):28－29,38.

[9] 陈则航,王蔷,钱小芳. 论英语学科核心素养中的思维品质及其发展途径[J]. 课程·教材·教法,2019,39(1):91－98.

[10] 程晓堂. 从主位结构看英语作文的衔接与连贯[J]. 山东师大外国语学院学报,2002(2)：94－98.

[11] 程晓堂. 基于功能语言学的语篇连贯研究[M]. 北京:外语教学与研究出版社,2005.

[12] 程晓堂. 语言作为心智发展的工具:兼论外语学习的意义[J]. 中

国外语,2011,8(1):51-57.

[13]程晓堂.英语学习对发展学生思维能力的作用[J].课程·教材·教法,2015,35(6):73-79,127.

[14]程晓堂,赵思奇.英语学科核心素养的实质内涵[J].课程·教材·教法,2016(5):79-86.

[15]程晓堂.英语学科核心素养及其测评[J].中国考试,2017(5):7-14.

[16]程晓堂.基于问题情境的英语考试命题理念与技术[J].中国考试,2018(12):1-8.

[17]程晓堂.核心素养下的英语教学理念与实践[M].南宁:广西教育出版社,2021.

[18]程晓堂.英语教师思维品质漫谈[J].中小学外语教学(中学篇),2024,47(1):1-7.

[19]丁继明.2005—2011年安徽省中考英语书面表达试题研究[J].山东师范大学外国语学院学报(基础英语教育),2012,14(3):71-77.

[20]丁继明.2013年全国各省市中考英语书面表达试题研究[J].山东师范大学外国语学院学报(基础英语教育),2015,17(1):105-112.

[21]董曼霞,方秀才.TEM4写作试题的任务特点与设计原则:基于TEM4写作试题的历时分析[J].外语测试与教学,2014(3):1-10.

[22]高霄.二语写作质量构念效度的结构方程模型分析[J].山东外语教学,2009,30(6):38—42.

[23]高霄,文秋芳.思辨能力及语言因素对二语写作影响的研究[J].外语教学理论与实践,2017(4):44-50.

[24]龚姚东.从思维品质到品质思维"刍议英文教学中的思维品质培养[J].英语学习,2015(12):4-7.

[25]辜向东,高晓莹.2007年高考英语全国卷与各省市自主命题卷书面表达题共时研究[J].中国考试(研究版),2007(12):28-33,36.

[26]辜向东,杨志强.CET二十年写作试题分析与研究[J].外语与外语教学,2009(6):21-26.

[27]郭宝仙,章兼中.英语学科中思维能力的培养[J].课程·教材·教法,2017,37(2):80-86.

[28] 韩金龙. 英语写作教学:过程体裁教学法[J]. 外语界,2001(4):35-40.

[29] 何继红,张德禄. 语篇结构的类型、层次及分析模式研究[J]. 外语与外语教学,2016(1):74-80,148.

[30] 黄国文. 语篇分析概要[M]. 长沙:湖南教育出版社,1988.

[31] 贾爱武. 英语写作教学的改进:从成稿写作法到过程写作法[J]. 解放军外国语学院学报,1998(5):75-78.

[32] 胡壮麟. 语篇分析在教学中的应用[J]. 外语教学,2001(1):3-10.

[33] 黄大勇. 语言测试中的真实性概念[J]. 语言教学与研究,2004(2):77-80.

[34] 黄蓉. 2015年湖南省中考英语写作试题分析[J]. 苏州教育学院学报,2015,32(6):134-136.

[35] 教育部. 普通高中英语课程标准(2017年版2020年修订)[M]. 北京:人民教育出版社,2020.

[36] 教育部. 义务教育英语课程标准(2022年版)[M]. 北京:北京师范大学出版社,2022.

[37] 李萍,史志杰,胡亚蓉,等. 体现六个维度 推进英语命题改革 践行核心素养 全面落实育人目标:2017年山西省中考英语命题思路解读[J]. 教育理论与实践,2017,37(32):3-6.

[38] 李森. 改进英语写作教学的重要举措:过程教学法[J]. 外语界,2000(1):19-23.

[39] 李筱菊. 语言测试科学与艺术[M]. 长沙:湖南教育出版社,1997.

[40] 李筱菊. 语言测试科学与艺术[M].2版. 长沙:湖南教育出版社,2001.

[41] 李玉梅,周保国. 语篇连贯视角的EFL写作读者意识分析[J]. 中国外语,2011,8(6):65-69.

[42] 栗瑞莲. 基于学科能力的英语试题编制策略与实践探索[J]. 中国考试,2019(3):28-33.

[43] 林崇德. 培养思维品质是发展智能的突破口[J]. 国家教育行政学

院学报,2005(9):21-26,32.

[44] 林崇德. 思维心理学研究的几点回顾[J]. 北京师范大学学报(社会科学版),2006(5):35-42.

[45] 林崇德. 基础教育改革心理学研究30年[J]. 教育研究,2009,30(4):61-66,111.

[46] 林崇德,胡卫平. 思维型课堂教学的理论与实践[J]. 北京师范大学学报(社会科学版),2010(1):269-36

[47] 刘道义. 谈英语学科素养:思维品质[J]. 课程·教材·教法,2018,38(8):80-85.

[48] 刘军怀,司保红. 学生会写、爱写和能写好的作文题:谈英语写作任务的设计[J]. 西安外国语学院学报,2005(2):54-56.

[49] 卢晓仙. 命题的真实性[J]. 国外外语教学,2003(2):57-62.

[50] 梅德明,王蔷. 普通高中英语课程标准(2017年版)解读[M]. 北京:高等教育出版社,2018.

[51] 苗兴伟. 论衔接与连贯的关系[J]. 外国语(上海外国语大学学报),1998(4):45-50.

[52] 亓鲁霞. 高考英语书面表达题的设计与语言运用原则[J]. 中小学外语教学(中学篇),2006(2):15-18.

[53] 陶百强. 2016年高考英语全国卷命题比较研究与建议[J]. 考试研究,2016(5):14-30.

[54] 陶百强. 基于核心素养的英语学考与高考命题探讨[J]. 中国考试,2017a(4):25-33.

[55] 陶百强. 2017年全国卷高考英语科建构性试题研究[J]. 考试研究,2017b(5):15-23.

[56] 王栋,卞亚玉. 2018年江苏省各设区市中考英语写作试题共时分析与启示[J]. 英语教师,2019,19(8):114-118.

[57] 王可. 中小学生写作与思维的关系[J]. 中国教育学刊,2006(10):62-65.

[58] 王勇,黄国文. 语篇结构中的递归现象[J]. 外语教学与研究,2006(5):288-295,320.

[59] 文秋芳,刘润清. 从英语议论文分析大学生抽象思维特点[J]. 外

国语(上海外国语大学学报),2006(2):49-58.

[60] 文秋芳,周燕. 评述外语专业学生思维能力的发展[J]. 外语学刊, 2006(5):76-80.

[61] 文秋芳."作文内容"的构念效度研究:运用结构方程模型软件 AMOS 5 的尝试[J]. 外语研究,2007(3):66-71,112.

[62] 吴碧宇,王建国. 英语篇章的话题系统[J]. 外语学刊,2012(2): 81-84.

[63] 夏谷鸣. 英语学科教学与思维品质培养[J]. 英语学习,2017(2): 9-13.

[64] 夏纪梅. 论外语教师思维能力对人才培养和自身专业发展的价值意义:兼对高校外语教师思维能力反思调查结果的评析[J]. 中国外语, 2015,12(2):86-89,95.

[65] 杨向东. 指向学科核心素养的考试命题[J]. 全球教育展望,2018, 47(10):39-51.

[66] 杨志宏. 英语思维教学模式研究[J]. 国外外语教学,1999(1): 23-26.

[67] 张春青. 取消考试大纲后中考英语命题的测试学考量[J]. 基础外语教育,2020,22(3):92-100,111-112.

[68] 张德禄. 语篇衔接中的形式与意义[J]. 外国语(上海外国语大学学报),2005(5):32-38.

[69] 张金秀. 英语学科思维品质培养面临的困境与对策[J]. 中小学外语教学(中学篇),2016,39(7):6-11.

[70] 张泰刚. 初中英语写作任务设计存在的问题分析与改进建议[J]. 中小学外语教学(中学篇),2021,44(7):60-64.

[71] 张泰刚. 基于思维品质发展的英语教学理念与实践[M]. 桂林:广西师范大学出版社,2023a.

[72] 张泰刚. 初中英语写作范文存在的问题分析[J]. 中小学外语教学(中学篇),2023b,46(5):61-65.

[73] 赵连杰. 指向问题解决的英语原创试题设计与解析[J]. 中小学英语教学与研究,2021(1):59-63,73.

[74] 赵连杰. 指向英语学科核心素养测评的主观题设计理念与技术

[J]. 中国考试,2020(3):47-53.

[75]周燕. 教师是外语学习环境下提高英语教学水平的关键[J]. 外语教学与研究,2010,42(4):294-296.

[76]朱永生. 主位推进模式与语篇分析[J]. 外语教学与研究,1995(3):6-12,80.

[77]朱智贤. 思惟发展心理学[M]. 北京:北京师范大学出版社,2002.

图书在版编目(CIP)数据

促进思维品质发展的英语写作教学理论与实践/张泰刚著．--合肥：合肥工业大学出版社,2024. -- ISBN 978 - 7 - 5650 - 7037 - 2

Ⅰ.H319.36

中国国家版本馆 CIP 数据核字第 2025G1M837 号

促进思维品质发展的英语写作教学理论与实践

张泰刚 著　　　　　　　责任编辑　袁 媛

出　版	合肥工业大学出版社	版　次	2024 年 12 月第 1 版	
地　址	合肥市屯溪路 193 号	印　次	2024 年 12 月第 1 次印刷	
邮　编	230009	开　本	710 毫米×1010 毫米　1/16	
电　话	基础与职业教育出版中心:0551 - 62903120	印　张	10.5	
	营销与储运管理中心:0551 - 62903198	字　数	166 千字	
网　址	press. hfut. edu. cn	印　刷	安徽联众印刷有限公司	
E-mail	hfutpress@163. com	发　行	全国新华书店	

ISBN 978 - 7 - 5650 - 7037 - 2　　　　　　　　　　定价：68.00 元

如果有影响阅读的印装质量问题,请联系出版社营销与储运管理中心调换。